Graded German Reader

Graded German Reader SECOND EDITION

Erste Stufe

Hannelore Crossgrove
UNIVERSITY OF RHODE ISLAND

William C. Crossgrove
BROWN UNIVERSITY

Peter Hagboldt

D. C. HEATH AND COMPANY
Lexington, Massachusetts   Toronto

The main part of the vocabulary in this edition was
prepared by Werner F. Leopold for the 1957 edition.

Preface

In the 1960s, German teachers were led increasingly away from graded readers by the appearance of literary readers with carefully selected original literary texts, usually by postwar German authors. Yet there have always been problems with introducing these literary selections early in beginning German courses. In some readers the vocabulary is too extensive; in others, it is ostensibly limited, but the texts are accompanied by numerous word glosses that are not included in the basic word count. Today, therefore, an increasing number of colleagues have turned to graded readers, and Professor Leopold's 1957 version of Hagboldt's 1933 reader went into its nineteenth printing in 1975.

Although Hagboldt's careful work has stood the test of time, the fact remains that many of the words and expressions no longer reflect modern German usage. Furthermore, social conditions have changed greatly, so that some of the attitudes expressed in the original edition are no longer acceptable to many.

We welcomed the challenge of preparing a new edition because we admire the care that went into the original. We will be gratified if a new generation of students and teachers finds this new edition as servicable as the original.

HANNELORE CROSSGROVE, *University of Rhode Island*
WILLIAM CROSSGROVE, *Brown University*

Contents

Study Aids

Organization

Vocabulary: The vocabulary of the *Graded German Reader* is carefully controlled to insure the gradual introduction of unfamiliar words and idioms. Part 1 introduces 500 words and 30 idiomatic expressions; another 170 words and 40 idiomatic expressions are added in Part 2, 100 words and 20 expressions in Part 3, 80 words and 20 expressions in Part 4, and 50 words and 20 expressions in Part 5—a total of 900 words and 130 expressions.

The items not included in the word count are: definite articles, personal pronouns, possessive adjectives, personal names, place names identical, or nearly so, in English and German, and self-evident compounds. Nouns and verbs with the same stem are counted separately only if there is a vowel change in the noun or if their meanings are not obviously related.

All words that are not easily recognizable cognates are glossed in footnotes when they first appear; each new word usually occurs at least two more times later in the text. All words, including compounds and easy cognates, are glossed in the end vocabulary.

Idiomatic Expressions: Idiomatic expressions have been defined here as those expressions whose meanings are not easily ascertainable from word-for-word English equivalents.

At the end of each part, two word lists review the words

and expressions introduced in that part. The first of these lists gives all cognates sufficiently close to English to enable the student either to recognize the word at once or to remember it easily once it is identified; the second gives all the words that have to be learned without the aid of obvious associations with English. More than one-third of the vocabulary in Part 1 consists of easily recognizable cognates. Thus the learning of the first 500 words should be much simpler than would first appear. The lists will be helpful to both student and teacher.

Exercises: Exercises, mostly in the form of two sets of questions, are provided in the middle and at the end of each part.

Grammar: The original edition presented grammar in a graded way, and this feature has been retained. Thus, for example, Parts 1 and 2 are written almost entirely in the present tense, while the simple past is introduced in Part 3. Passive and subjunctive verbs appear only rarely. Sentences in Parts 1 and 2 consist principally of main clauses, and only some simple types of dependent clauses occur. More complex structures are gradually introduced in Part 3, but relative clauses remain a rare occurrence throughout the book.

An Appendix of the principal parts of all irregular verbs used in this book is included.

Application

Vocabulary: Students should try to formulate sentences from words in the vocabulary lists, rather than merely give English equivalents. (A hyphen before or after a word indicates that the word does not occur in the form given; either an ending or compounding with another word is required when it is used.)

Idiomatic Expressions: Students should know that the expressions are listed in the order in which they occur in the text. These expressions should be learned and students should be prepared to use them in sentences of their own.

Exercises: The typical exercise section is divided into two parts. First there are yes-no questions intended to check comprehension of the readings. The "yes" answers should be accompanied by an appropriate repetition of the question, e.g., Question: *Ist das Pferd stark?* Answer: *Ja, das Pferd ist stark.* When the answer is "no", correct information should be provided, e.g., Question: *Ist der Wolf gelb?* Answer: *Nein, der Wolf ist grau.* The second part of the exercise section consists of information questions introduced by interrogative words such as *wer, was, wo, wie, wann,* etc. These will require more thought, but they will also lead the student further along the road to mastery of the language.

I Allerlei

Allerlei

The texts in Part 1 can be used as simple readings to reinforce the acquisition of basic vocabulary while the grammar is being learned from another book, or they can be used as starting points for drills or conversation in a course which puts more emphasis on spoken German. While the dialogues usually contained in beginning German books are essential for enabling students to imitate speech, they do not easily lead to discussion because it seems stilted to write dialogues containing interchanges such as: "Where is the tongue?" "The tongue is in the mouth." And yet questions and answers of this type, ones which are actually about the basic vocabulary itself, are one of the most useful ways to begin student-teacher interchange in the early weeks and months of a beginning course. Our texts are designed to facilitate this process, and they are therefore unabashedly stilted in the sense that we do not hesitate to make up sentences that would never occur in the speech or writing of an adult German but are essential in the beginning stages of learning a new language. The challenge for the student and the teacher is to take the raw material which we provide and to convert it into communication. The textbook is an instrument to encourage creativity, not a substitute for it.

1. COGNATES

Das englische Wort *cognate* kommt aus[1] der lateinischen Sprache.[2] Das englische Wort *cognate* kommt von[3] den lateinischen Wörten *co* und *natus*. *Co* bedeutet[4] auf englisch[5] *with*, auf deutsch „mit"; *natus* bedeutet auf englisch *born*, auf deutsch „geboren". Das englische Wort *cognate* bedeutet also[6] auf deutsch „mitgeboren". Aber[7] wir sprechen[8] in der deutschen Sprache nicht[9] von „mitgeborenen Wör-

---

[1] **aus** out of, from. [2] **die Sprache** language. [3] **von** from. [4] **bedeuten** mean, signify. [5] **auf englisch** in English; **auf deutsch** in German. [6] **also** thus, therefore. [7] **aber** but. [8] **sprechen** speak. [9] **nicht** not.

2

tern", wir sprechen in der deutschen Sprache von verwandten Wörtern. „Verwandte Wörter" bedeutet also auf
englisch *cognate words* oder[10] *related words.*

2. VERWANDTE WORTER

Verwandte Wörter können[11] wir leicht[12] verstehen[13] und
5 leicht lernen. Wörter wie:[14] „Wort, kommen, englisch, lateinisch, aus, und" sind leicht zu[15] verstehen und zu lernen.
Für Studenten in Amerika hat die deutsche Sprache viele[16]
leichte Wörter, denn[17] Englisch und Deutsch sind verwandte
Sprachen.
10 Zum Beispiel,[18] das Wort „Name" in „mein Name ist
Schmidt" ist leicht zu verstehen. Wörter wie „Amerika" und
„September" verstehen wir leicht. Viele deutsche Wörter
schreibt[19] man[20] genau[21] so wie die verwandten englischen
Wörter. Hier sind vierzig (40) Beispiele für solche[22] Wörter:
15 all, der Arm, das Auto, blind, blond, der Bus, die Butter,
die Dame, der Finger, die Garāge,[23] das Gas, die Hand, das
Hotél, der Hunger, das Kilomēter, das Land, mild, die
Milliōn, die Minūte, modérn, das Musēum, das Nest, der
Novémber, der Park, der Proféssor, das Restauránt, der Ring,
20 die Rose, der Sack, das Seméster, so, das Sofa, still, der
Studént, das Verb, warm, wild, der Wind, der Winter, der
Wolf.
Viele deutsche Wörter schreibt man nicht genau so wie die
verwandten englischen Wörter, aber wir verstehen und
25 lernen sie sehr[24] leicht. Hier sind sechzig (60) Beispiele für
solche Wörter:
abstrákt, der Appetīt, die Asche, der Bär, das Bett, das Bier,
braun, das Buch, der Busch, der Diamánt, das Eis, der Eis-

---

[10] **oder** or. [11] **können** can, be able to. [12] **leicht** easily, easy. [13] **verstehen**
understand. [14] **wie** like, as, how. [15] **zu** to. [16] **viele** many; **viel** much.
[17] **denn** for, because. [18] **das Beispiel** example; **zum Beispiel** for example.
[19] **schreiben** write. [20] **man** one, people, we. [21] **genau** exactly; **genau so
wie** exactly as. [22] **solch** such. [23] *In these examples a dash over a vowel
indicates that the vowel is stressed and long; an accent indicates that it
is stressed and short.* [24] **sehr** very.

berg, der Elefánt, eléktrisch, das Ende, das Exāmen, die
Famīlie, das Feld, der Fisch, der Freund, der Garten, das
Glas, das Gras, grün, das Haus, die Henne, der Kaffee, die
Katze, die Klasse, das Knie, konkrēt, das Konzért, das
5 Krokodīl, die Lippe, die Literatūr, der Mann, die Maus, die
Medizīn, die Meile, die Milch, der Millionār, die Musīk, der
Norden, die Pistōle, relatīv, der Schuh, die Schule, die
Schulter, die Sekúnde, die Sonne, der Storch, der Tee, das
Telefōn, das Theāter, die Universitāt, voll, der Wein, der
10 Westen, das Zentimēter, zoolōgisch.

Die Infinitive vieler Verben sind sehr leicht zu verstehen,
zum Beispiel:

beginnen, bringen, enden, fallen, finden, fischen, hängen,
scheinen, schwimmen, singen, sitzen, trinken, wandern,
15 waschen.

3. LEICHTE WÖRTER IM SATZ[25]

Viele Wörter verstehen wir nicht leicht, wenn[26] sie allein[27]
stehen;[28] wenn sie aber in einem Satz stehen, sind sie sehr
leicht zu verstehen, zum Beispiel die Namen der Farben.[29]

grau

Der Wolf ist grau, die Maus ist grau, die Asche ist grau.
20 Die Farbe des Wolfes, der Maus und der Asche ist grau.

weiß

Die Milch ist weiß, der Schnee[30] ist weiß. Die Farbe der
Milch und des Schnees ist weiß. Der Wein ist weiß
oder rot.

rot

Die Lippen sind rot, der Apfel ist rot oder gelb, die Rose ist
25 weiß, rot oder gelb.

---

[25] **der Satz** sentence. [26] **wenn** if, whenever. [27] **allein** alone. [28] **stehen**
stand. [29] **die Farbe** color. [30] **der Schnee** snow.

gelb

Das Gold ist gelb, die Butter ist gelb. Die Farbe des Goldes und der Butter ist gelb. Die Farbe der Rose ist weiß, rot oder gelb.

grün

Es ist Sommer; das Gras ist grün, der Garten ist grün, der
5 Busch ist grün, der Park ist grün.

braun

Der Kaffee ist braun, der Bär ist braun; die Kohle ist nicht braun, die Kohle ist schwarz.

schwarz

Die Kohle ist schwarz, und die Pistole ist oft[31] schwarz. Der Schuh ist schwarz oder braun; die Katze ist schwarz, weiß,
10 grau oder braun.

blau

Der Himmel[32] ist blau, wenn die Sonne scheint. Wenn die Sonne nicht scheint, ist der Himmel nicht blau. Im Winter ist der Himmel oft grau.

4. HÄUFIGE[33] WÖRTER

der Mensch[34]—das Tier[35]

Karl ist ein Mensch, Helga ist ein Mensch; Herr,[36] Frau[37] und
15 Fräulein[38] Braun sind Menschen. Der Wolf ist ein Tier,

---

[31] **oft** often. [32] **der Himmel** sky. [33] **häufig** frequent. [34] **der Mensch** human being. [35] **das Tier** animal. [36] **Herr** Mr. [37] **Frau** Mrs.; **die Frau** woman, wife. [38] **Fräulein** Miss.

der Tiger ist ein Tier, die Katze ist ein Tier. Der Wolf, der
Tiger und die Katze sind Tiere.

der Mann[39]—die Frau

Karl ist ein Mann, Helga ist eine Frau. Helga ist Karls
Frau, Karl ist Helgas Mann.

der Junge[40]—das Mädchen[41]

5 Christa ist ein Mädchen, Barbara und Elke sind auch Mädchen. Paul ist ein Junge, Peter und Thomas sind auch
Jungen.

stark[42]—schwach[43]

Viele wilde Tiere sind stark. Der Wolf ist stark, der Bär ist
stark, der Tiger ist stark. Der Elefant ist ein sehr starkes
10 Tier. Kleine Tiere sind nicht stark, sondern[44] schwach.
Eine Maus ist schwach. Eine Katze ist nicht so schwach
wie[45] die Maus, aber nicht so stark wie der Tiger. Kaffee
oder Tee kann stark oder schwach sein.

gut—böse[46]

Die Kuh gibt[47] uns Milch, Butter und Fleisch.[48] Die Milch
15 ist gut, die Butter ist gut, das Fleisch ist gut. Die Henne
legt[49] frische Eier.[50] Frische Eier sind gut. Der Hund[51] ist
ein Freund des Menschen, er ist freundlich und gut.
   Ein Hund ist häufig auch[52] böse. Wenn die Katze seine

---

[39] **der Mann** man, husband. [40] **der Junge** boy. [41] **das Mädchen** girl.
[42] **stark** strong. [43] **schwach** weak. [44] **sondern** but. [45] **so schwach wie** as
weak as. [46] **böse** angry, bad. [47] **geben** give. [48] **das Fleisch** meat.
[49] **legen** lay. [50] **das Ei** egg. [51] **der Hund** dog. [52] **auch** also, too.

Milch trinkt, ist er böse. Wilde Tiere sind sehr böse, wenn sie hungrig sind.

gut—schlecht[53]

Die Sonne scheint; es ist nicht zu kalt und nicht zu warm, das Wetter ist gut. Es ist Winter, die Sonne scheint
5 nicht, es ist kalt. Das Wetter ist schlecht. Wir sagen: „Es ist schlechtes Wetter."

warm—kalt

Der Sommer ist warm, der Winter ist kalt. Das Wetter ist im Sommer oft warm und gut. Das Wetter ist im Winter oft kalt und schlecht. Sommerwetter ist warm, Winterwetter ist kalt.
10 Eis und Schnee sind kalt, das Haus und die Sonne sind warm.

lang—kurz[54]

Der Arm ist lang, der Finger ist nicht lang, sondern kurz. Die Minute ist lang, die Sekunde ist kurz. Das Kilometer ist lang, aber nicht so lang wie die Meile. Das Meter ist kurz,
15 aber das Zentimeter ist sehr kurz. Die Nacht[55] ist im Winter lang und im Sommer kurz, der Tag[56] ist im Winter kurz und im Sommer lang.

jung—alt[57]

Karl ist im Kindergarten,[58] er ist jung. Großmutter und Groß- vater sind siebzig (70) Jahre[59] alt, sie sind alt. Karl sagt,
20 Vater und Mutter sind alt. Großmutter sagt, Vater und Mut- ter sind jung. Alles[60] ist relativ.

hart—weich[61]

Der Diamant ist hart, das Glas ist hart, das Eis ist hart. Die Butter ist weich, das Sofa ist weich, das Bett ist auch weich.

---

[53] **schlecht** bad. [54] **kurz** short. [55] **die Nacht** night.
[56] **der Tag** day. [57] **alt** old. [58] **der Kindergarten** nursery school. [59] **das Jahr** year. [60] **alles** everything. [61] **weich** soft.

dick—dünn[62]

Der Arm ist dick, der Finger ist dünn. Das Buch ist dick, das Papier ist dünn. Die Beine[63] des Elefanten sind dick, die Beine des Storches sind dünn.

oft—selten[64]

Unser Hund hat oft Hunger,[65] er hat oft Appetit,[66] er hat
5   selten keinen[67] Appetit. Im Sommer scheint die Sonne oft, im Winter scheint die Sonne nicht oft, sondern selten. Warme Wintertage sind selten.

immer—nie[68]

Ein Eisberg ist immer kalt und nie warm. Das Feuer[69] ist immer warm und nie kalt. Der Diamant ist immer hart und
10   nie weich.

fleißig—faul[70]

Die Biene[71] arbeitet[72] immer, sie ist immer fleißig und nie faul. Die Katze ist oft faul und selten fleißig. Sie sitzt in der Sonne und sagt „miau". Peter sagt nicht „miau", aber er arbeitet nie, er will[73] immer spielen[74] und nie in die Schule
15   gehen.[75] Er ist faul.

klein—groß[76]

Die Maus ist klein, der Elefant ist groß. Ein Schneeball ist klein, ein Eisberg ist groß. Das Kind[77] im Kindergarten ist klein, der Vater und die Mutter sind groß.

---

[62] **dünn** thin. [63] **das Bein** leg. [64] **selten** seldom, rare. [65] **Hunger haben** be hungry. [66] **Appetit haben** have an appetite. [67] **kein** no, not any. [68] **nie** never. [69] **das Feuer** fire. [70] **faul** lazy. [71] **die Biene** bee. [72] **arbeiten** work. [73] **wollen** want to. [74] **spielen** play. [75] **gehen** go; **in die Schule gehen** go to (attend) school. [76] **groß** large. [77] **das Kind** child.

leicht—schwer[78]

Ein kleines Tier ist leicht, ein großes Tier ist schwer. Eine Biene ist sehr leicht, eine Maus ist leicht, ein Bär ist schwer, ein Elefant ist sehr schwer. Wir sprechen auch von schweren und leichten Wörtern und von schweren und
5   leichten Büchern.

hell—dunkel[79]

Der Tag ist hell, die Nacht ist dunkel. Wir sprechen von hellen und dunklen Farben. Wir sprechen von hellrot und dunkelrot, von hellblau und dunkelblau und so weiter.[80] Wenn die Sonne scheint, sagen wir: „Welch ein[81] heller,
10   sonniger Tag!" Wenn die Sonne nicht scheint, wenn der Himmel grau und dunkel ist, sagen wir: „Welch ein dunkler Tag!"

schnell—langsam[82]

Eine Kuh geht langsam. Ein Hase[83] geht nicht langsam, ein Hase läuft,[84] ein Hase läuft schnell. Ein Fisch schwimmt
15   schnell, ein Hund schwimmt langsam. Wir sagen oft von einem Menschen: „Er läuft wie ein Hase" oder „Er schwimmt wie ein Fisch."

reich—arm[85]

Ein Millionär ist reich, ein Professor ist arm. Meine Mutter hat ein großes Haus und viel Land, sie ist reich. Mein Groß-
20   vater hat kein Haus und kein Land, mein Großvater ist arm. Man sagt oft: „Die reichen Leute[86] werden[87] reicher, und die armen Leute werden ärmer."

---

[78] **schwer** heavy; difficult.   [79] **dunkel** dark.   [80] **weit** far; **weiter** farther, further, on, **und so weiter** *etc.*, and so on.   [81] **welch** which; **welch ein** what a.   [82] **langsam** slow(ly).   [83] **der Hase** hare, rabbit.   [84] **laufen** run.
[85] **arm** poor.   [86] **die Leute** (*plural*) people.   [87] **werden** become.

viel—wenig[88]—genug[89]

Ein reicher Mensch hat oft Land und viel Geld;[90] ein armer Mensch hat wenig Geld oder wenig Land. Wenn es viel regnet,[91] sagen die Menschen: „Es regnet zu viel!" Wenn es wenig regnet, sagen sie: „Es regnet viel zu wenig."
5   Nicht zu wenig und nicht zu viel ist genug. Wer[92] genug hat, ist reich; wer nicht genug hat, ist arm. Man sagt: „Ein Wolf hat nie genug." Viele Menschen haben nie genug. Sie sind wie die Wölfe, sie haben eine Million Mark[93] und haben nicht genug.

gesund—krank[94]

10   Wer gesund ist, hat einen gesunden Appetit und arbeitet fleißig; wer krank ist, geht zu Bett und ruft[95] den Arzt[96] (den Doktor). Ein guter Arzt macht[97] den kranken Menschen oft wieder[98] gesund. Wer kein Geld hat, aber gesund ist, ist reich; wer viel Geld hat, aber krank ist, ist arm.

rund—die Ecke—eckig[99]

15   Der Ring ist rund, der Apfel ist rund, die Mark ist rund. Eine Karte[100] hat vier (4) Ecken, eine Karte ist eckig. Ein Buch hat vier Ecken, ein Buch ist viereckig. Ein Haus hat viele Ecken. Ein Tisch[101] ist eckig oder rund.

hier—da (dort)[102]

Hier ist unser Haus, da ist unser Garten. Hier sind unsere
20   Rosen, dort ist unser Apfelbaum.[103] Hier ist unsere Katze, dort ist unser Hund.

---

[88] **wenig** little, not much. [89] **genug** enough. [90] **das Geld** money.
[91] **regnen** rain; *noun:* **der Regen.** [92] **wer** who, whoever. [93] **die Mark** mark(s) (*German currency*). [94] **krank** ill. [95] **rufen** call; *noun:* **der Ruf.** [96] **der Arzt** physician. [97] **machen** make. [98] **wieder** again. [99] **die Ecke** corner; **eckig** angular, having corners. [100] **die Karte** card. [101] **der Tisch** table. [102] **da (dort)** there. [103] **der Apfel + der Baum** apple tree.

voll—leer[104]

Mein Glas ist ganz[105] voll. Ich trinke; mein Glas ist nicht mehr[106] ganz voll, es ist halb[107] voll oder halb leer. Ich trinke wieder; mein Glas ist nicht mehr halb voll, es ist leer, ganz leer. Mein Glas war[108] ganz voll, dann[109] war es halb voll 5 oder halb leer, nun[110] ist es ganz leer.

allein—zusammen[111]

Karl ist allein. Er ist gern[112] allein. Er arbeitet allein und spielt allein. Paul ist nicht gerne allein. Er ist gern zusammen mit seinem Freund Peter. Paul und Peter sind immer zusammen. Sie arbeiten zusammen und spielen zu- 10 sammen.

leben—sterben[113]

Einige[114] Menschen leben lang, andere[115] sterben jung. Einige leben hundert (100) Jahre, andere sterben als[116] Kinder. Alle Menschen müssen[117] sterben. Wir sind Menschen, also müssen wir sterben. So ist das Leben. Das 15 Leben ist schwer, und auch das Sterben ist nicht leicht.

fragen—antworten[118]

Ich frage: „Ist das Auto alt?" Du antwortest: „Nein,[119] es ist ganz neu."[120] Er fragt: „Ist es kalt?" Wir antworten: „Ja, es ist sehr kalt." Ihr fragt: „Ist Karl hier?" Sie antworten: „Nein, er ist in der Garage." „Ist das Auto alt?" ist eine 20 Frage. „Nein, es ist ganz neu" ist die Antwort auf[121] diese Frage.

---

[104] **leer** empty. [105] **ganz** completely. [106] **nicht mehr** no longer. [107] **halb** half. [108] **war** was. [109] **dann** then. [110] **nun** now. [111] **zusammen** together. [112] **gern(e)** willingly, gladly, with pleasure. [113] **sterben** die. [114] **einige** some, a few. [115] **andere** others. [116] **als** as. [117] **müssen** have to, must. [118] **fragen** ask; *noun:* **die Frage**; **antworten** answer; *noun:* **die Antwort**. [119] **nein** no. [120] **neu** new. [121] **die Antwort auf** the answer to.

bitten—danken[122]

Ich bitte Helga um das Brot;[123] ich bitte um die Butter, ich
bitte um den Honig.[124] Ich sage: „Bitte, gib mir das Brot;
bitte, gib mir die Butter; bitte, gib mir den Honig." Helga
gibt mir das Brot. Ich danke für das Brot, ich sage: „Danke."
5 Helga gibt mir die Butter und den Honig. Ich danke wieder
und sage wieder: „Danke, Helga."

der Norden, der Süden, der Osten, der Westen

Eisberge findet man im Norden. Warme Winde kommen
aus dem Süden. Am Morgen[125] steht die Sonne im Osten,
am Abend[126] steht sie im Westen. Der Nordwind kommt aus
10 dem Norden, der Südwind kommt aus dem Süden, der West-
wind kommt aus dem Westen, und der Ostwind kommt aus
dem Osten.

5. DIE TEILE[127] DES KÖRPERS[128]

der Kopf[129]

Der Kopf des Menschen ist mit Haaren bedeckt.[130] Einige
Menschen haben langes Haar auf dem Kopf, andere haben
15 kurzes Haar. Das Haar ist schwarz, braun, rot, blond, grau
oder weiß. Schwarzes und braunes Haar ist dunkel;
blondes und weißes Haar ist hell. Junge Leute haben
schwarzes, braunes, rotes oder blondes Haar; ältere Leute
haben oft graues oder weißes Haar; oder sie haben kein Haar
20 auf dem Kopf.

---

[122] bitten (um) ask (for); bitte please; danken thank; danke thanks. [123] das
Brot bread, loaf of bread. [124] der Honig honey. [125] der Morgen morning;
am Morgen in the morning. [126] der Abend evening; am Abend in the
evening. [127] der Teil part; verb: teilen. [128] der Körper body. [129] der
Kopf head. [130] bedeckt covered.

das Gesicht[131]

In dem Gesicht des Menschen sind zwei (2) Augen.[132] Die Augen sind schwarz, braun, blau, grau oder auch grün. Schwarze und braune Augen sind dunkel, blaue und graue Augen sind hell. In dem Gesicht sind auch der Mund,[133] 5 zwei Lippen, zwei Backen[134] und das Kinn.[135] In der Mitte[136] des Gesichtes ist die Nase.[137] Die Nase beginnt zwischen[138] den Augen. Die Nase endet über dem Mund. Der Mund ist unter der Nase und über dem Kinn. Der Mund ist zwischen der Nase und dem Kinn. Der Mund hat zwei Lippen. 10 Die Lippen des Menschen sind rot. Wer sehr viel und sehr laut[139] spricht, „hat einen großen Mund". Unter dem Mund liegt[140] das Kinn. Wer viel ißt,[141] hat häufig dicke oder volle Backen und ein Doppelkinn.

die Zunge[142]

Die Zunge ist im Mund. Wenn wir gesund sind, ist unsere 15 Zunge rot; wenn wir krank sind, ist unsere Zunge grau. Wer viel Schlechtes[143] über[144] andere Menschen sagt, „hat eine scharfe[145] Zunge".

der Zahn[146]

Ein gesunder Zahn ist hart und weiß, ein kranker Zahn ist grau und dunkel. Mit kranken Zähnen gehen wir zu einem 20 Arzt, zu einem Zahnarzt. Viele Tiere haben scharfe Zähne. Die Zähne des Wolfes sind scharf. Ein Krokodil hat viele große, scharfe Zähne.

---

[131] das Gesicht face. [132] das Auge eye. [133] der Mund mouth. [134] die Backe cheek. [135] das Kinn chin. [136] die Mitte middle. [137] die Nase nose. [138] zwischen between. [139] laut loud(ly). [140] liegen lie. [141] essen eat. [142] die Zunge tongue. [143] viel Schlechtes a lot of bad things. [144] über here about. [145] scharf sharp. [146] der Zahn tooth.

das Ohr[147]

Die Ohren sind an den Seiten[148] des Kopfes. Wir haben ein
linkes[149] Ohr und ein rechtes[150] Ohr. Der Hase und der
Esel[151] haben lange Ohren. Oft sagt man: „Die Wände[152]
haben Ohren."

der Hals[153]

5 Der Hals ist unter dem Kopf. Der Hals ist zwischen dem
Kopf und der Brust.[154] Einige Tiere haben einen dicken
Hals, zum Beispiel der Elefant. Andere Tiere haben einen
dünnen Hals, zum Beispiel der Storch.

der Rücken[155]

Das Pferd[156] und der Esel haben starke Rücken. Das Pferd
10 trägt[157] einen Reiter[158] auf dem Rücken. Der Esel trägt
schwere Säcke auf dem Rücken.

die Schulter

Wir haben zwei Schultern, eine rechte Schulter und eine
linke Schulter. Der Vater trägt sein kleines Kind auf den
Schultern.

das Herz[159]

15 Das Herz ist in der Brust. Das Herz liegt auf der linken
Seite der Brust. Wenn wir schnell laufen, schlägt[160] das
Herz schnell; wenn wir schlafen,[161] schlägt das Herz
langsam. Wenn das Herz still steht, sterben wir. Von einem
guten Menschen sagen wir: „Er hat ein warmes Herz."

---

[147] das Ohr ear. [148] die Seite side. [149] link- left. [150] recht- right.
[151] der Esel jackass, donkey. [152] die Wand wall. [153] der Hals neck.
[154] die Brust chest. [155] der Rücken back. [156] das Pferd horse. [157] tragen
carry, wear. [158] der Reiter, die Reiterin rider. [159] das Herz heart.
[160] schlagen beat. [161] schlafen sleep; noun: der Schlaf.

das Bein

Wir haben zwei Beine, ein linkes Bein und ein rechtes Bein.
Wir haben zwei Knie, ein linkes Knie und ein rechtes Knie.
Das Knie ist in der Mitte des Beines. In Deutschland[162] sagt
man nach dem ersten[163] Glas Bier oder Wein: „Auf einem
5 Bein kann man nicht stehen", und dann trinkt man ein
zweites[164] Glas. Wir haben auch zwei Füße,[165] einen linken
Fuß und einen rechten Fuß. Eine Katze fällt immer auf die
Füße. Wenn jemand[166] viel Glück[167] im Leben hat, sagt
man: „Er fällt immer auf die Füße." Wenn jemand ein
10 großes, schönes[168] Haus hat, viel Land und viel Geld, sagt
man: „Er lebt auf großem Fuße."[169] Wenn man gut versteht,
was[170] ein Freund spricht, sagt man zu seinem Freund: „Was
du sagst, hat Hand und Fuß."

der Arm

Wir haben zwei Arme, einen linken Arm und einen rechten
15 Arm; zwei Hände, eine linke Hand und eine rechte Hand.
An jeder[171] Hand haben wir fünf (5) Finger. Mit dem Zeigefinger zeigen[172] wir. An dem Ringfinger tragen wir einen
Ring. Man sagt: „Er hat eine glückliche Hand"; „eine Hand
wäscht die andere"; „er ist in guten Händen".

6. HÄUFIGE VERBEN

denken[173]

20 Einige Menschen denken viel, andere denken wenig.
Einige denken viel und tun[174] wenig, andere denken wenig
und tun viel. Nicht alle Menschen sagen, was sie denken,

---

[162] **Deutschland** Germany. [163] **erst-** first. [164] **zweit-** second. [165] **der Fuß**
foot. [166] **jemand** someone. [167] **das Glück** luck, happiness; **Glück
haben** be lucky. [168] **schön** beautiful. [169] **er lebt auf großem Fuße** he
lives on a grand scale. [170] **was** what. [171] **jeder** each. [172] **zeigen** point,
show; **der Zeigefinger** index finger. [173] **denken** think. [174] **tun** do.

und nicht alle denken, was sie sagen. Wenn man zu abstrakt
denkt, kann man oft kein konkretes Beispiel geben.

sehen[175]

Wir sehen mit den Augen. Karl hat schlechte Augen, er
sieht nicht gut. Er trägt eine Brille.[176] Helga hat sehr gute
5 Augen, sie sieht alles. Wenn die Sonne scheint, trägt sie
aber eine Sonnenbrille. Wer nicht sehen kann, ist blind.
Zu Freunden sagen wir: „Wir sehen uns wieder. Auf Wiedersehen!"[177]

hören[178]

Wir hören mit den Ohren. Ich höre die Nachtigall[179] singen,
10 du hörst die Katze schreien.[180] Ich höre die Stimme[181]
meiner Freundin am Telefon. Wir sprechen einige Min-

---

[175] **sehen** see. [176] **die Brille** (eye)glasses. [177] **Auf Wiedersehen!** see you!
goodbye! [178] **hören** hear. [179] **die Nachtigall** nightingale. [180] **schreien**
cry, shout. [181] **die Stimme** voice.

uten, dann sagen wir: „Auf Wiederhören!"[182] Meine
Freundin kann auch gut singen. Sie hat eine gute Stimme,
und ich höre sie gern singen.

riechen[183]

Wir riechen mit der Nase. Das Gas riecht schlecht, frischer
5 Kaffee riecht gut, frische Eier riechen frisch, eine Rose
riecht wunderbar.[184]

schmecken[185]

Wir schmecken mit dem Mund und der Zunge. Ich
schmecke den Honig; der Honig schmeckt süß.[186] Du
schmeckst den Zucker;[187] der Zucker schmeckt süß.
10 Frisches Brot mit Butter und Honig schmeckt gut.

fühlen[188]

Wir fühlen mit den Fingern, wir fühlen mit den Händen, wir
fühlen mit dem ganzen Körper, wir fühlen auch mit dem
Herzen. Wenn wir mit dem Herzen fühlen, sind wir glücklich oder unglücklich. Ich sitze in der Sonne und fühle die
15 Sonne mit dem ganzen Körper. Der böse Vater schlägt sein
Kind und sagt: „Wer nicht hören will, muß fühlen."

sprechen

Wir sprechen mit der Zunge. Ich spreche die Sprache
meines Vaters oder meiner Mutter. Wir sprechen Deutsch.
Deutsch ist unsere Muttersprache. Du sprichst Englisch.
20 Englisch ist deine Muttersprache. Wir sprechen zu laut, wir
sprechen zu wenig, wir sprechen zu viel, und so weiter.

---

[182] **Auf Wiederhören!** so long! goodbye! (*On the telephone*). [183] **riechen**
smell. [184] **wunderbar** wonderful. [185] **schmecken** taste. [186] **süß** sweet.
[187] **der Zucker** sugar. [188] **fühlen** feel.

schreien

Einige Menschen sprechen sehr laut; sie schreien. Nicht nur[189] Menschen schreien, auch einige Tiere schreien. Der Esel schreit. Kleine Kinder schreien oft. Wenn sie zu viel schreien, dann schreit auch der Vater oder die Mutter.

rufen

5　Karl und Paul sind nicht hier. Die Mutter will mit ihnen sprechen. Die Mutter ruft. Sie ruft: „Karl, was tust du?" Karl ruft zurück[190]: „Ich tue nichts,[191] Mutter." —„ Und was tut Paul?" ruft die Mutter wieder. „Paul hilft[192] mir", ruft Karl zurück.

gehen—fahren[193]

10　Peter geht gern zu Fuß.[194]　Er geht zur Schule, zur Universität, in den Garten. Am Morgen gehen Christa und Paul zur Arbeit, am Abend kommen sie wieder nach Hause.[195] Wer nicht gern zu Fuß geht, kann mit dem Auto fahren. Man kann auch mit dem Bus oder dem Zug[196] fahren. Wenn 15　Paul von Berlin nach München[197] kommen will, fährt er mit dem Zug. Christa fährt aber mit ihrem Auto. Christas Auto ist neu, und sie fährt immer mit dem Auto und geht nie zu Fuß.

tragen

Die Mutter trägt das kleine Kind auf dem Rücken. Ich trage 20　ein Buch unter dem Arm, du trägst die Äpfel ins Haus, er trägt einen schweren Sack auf den Schultern. Das Pferd trägt den Reiter oder die Reiterin. Peter trägt eine Brille. Christa trägt einen Ring.

---

[189] **nur** only.　[190] **zurück** back.　[191] **nichts** nothing.　[192] **helfen** help.
[193] **fahren** go, travel.　[194] **zu Fuß gehen** walk.　[195] **nach Hause** home.
[196] **der Zug** train.　[197] **München** Munich.

geben—nehmen[198]

Wir geben und nehmen mit den Händen. Ich gebe ihm ein
Buch. Er gibt mir nichts. Der Professor gibt den Studenten
viel zu tun, dann müssen die Studenten schwer arbeiten.
Der Vater gibt der Studentin Geld. Man sagt: „Geben ist
5 besser[199] als[200] nehmen." Die Studentin nimmt das Geld
und denkt: „Nehmen ist auch nicht schlecht."

7. DIE ZAHL

Eins (1) ist eine Zahl, zwei (2) ist eine Zahl, drei (3) ist eine
Zahl; eins, zwei und drei sind Zahlen.

Ich zähle[201] von[202] eins (1) bis[203] zehn (10): eins, zwei, drei,
10 vier (4), fünf (5), sechs (6), sieben (7), acht (8), neun (9), zehn.

Ich zähle von zehn bis zwanzig (20): zehn, elf (11), zwölf
(12), dreizehn, vierzehn, fünfzehn, sechzehn, siebzehn, achtzehn, neunzehn, zwanzig.

Ich zähle von zwanzig bis dreißig (30): einundzwanzig,
15 zweiundzwanzig, dreiundzwanzig, vierundzwanzig, fünfundzwanzig und so weiter.

Ich zähle von zehn bis hundert (100): zehn, zwanzig,
dreißig, vierzig, fünfzig, sechzig, siebzig, achtzig, neunzig,
hundert.

20 Ich zähle von hundert bis tausend (1000): hundert, zweihundert, dreihundert und so weiter.

Ich zähle von tausend bis zehntausend: tausend, zweitausend, dreitausend und so weiter.

Ich zähle von zehntausend bis hunderttausend: zehntau-
25 send, zwanzigtausend, dreißigtausend und so weiter.

Ich zähle von hunderttausend bis eine Million: hunderttausend, zweihunderttausend und so weiter.

Einmal[204] eins ist eins. Zweimal zwei ist vier. Dreimal
drei ist neun. Viermal vier ist sechzehn. Fünfmal fünf ist
30 fünfundzwanzig und so weiter.

---

[198] **nehmen** take. [199] **besser** better. [200] **als** *here* than. [201] **zählen** count.
[202] **von** from, of. [203] **bis** until, as far as, to. [204] **einmal** once; -mal times.

8. DIE ORDNUNGSZAHL[205]

The first heißt[206] auf deutsch „der erste". *The third* heißt
auf deutsch „der dritte". Zum Beispiel: der erste Oktober,
der dritte Oktober, der erste Dezember, der dritte Dezember
und so weiter.

5   Von zwei bis neunzehn hängt man **te** an die Zahl und bekommt[207] so die Ordnungszahl: erste, zweite, dritte, vierte,
fünfte, sechste, siebte (oder siebente), achte, neunte, zehnte,
elfte, zwölfte, dreizehnte, vierzehnte, fünfzehnte, sech-
zehnte, siebzehnte, achtzehnte, neunzehnte.

10   Von zwanzig an hangt man **ste** an die Zahl und bekommt so
die Ordnungszahl. Zum Beispiel: zwanzigste, einundzwanzigste, zweiundzwanzigste, dreiundzwanzigste, vierund-
zwanzigste, fünfundzwanzigste und so weiter; dreißigste,
vierzigste, fünfzigste und so weiter; hundertste, tausendste,

15   millionste und so weiter.

9. DER TAG

Der Tag und die Nacht haben zusammen vierundzwanzig
Stunden.[208]   Eine Stunde hat sechzig Minuten.   Eine Minute
hat sechzig Sekunden.

Der erste Teil des Tages ist der Morgen oder der Vor-
20   mittag, der zweite Teil ist der Mittag,[209] der dritte Teil ist der
Nachmittag, der vierte Teil ist der Abend, und der fünfte
Teil ist die Nacht.

Der Vormittag ist für manche[210] Leute viele Stunden lang,
wenn man aber bis zum Mittag schläft, ist der Vormittag sehr
25   kurz.   Der Mittag liegt in der Mitte des Tages.   Nach dem
Mittag kommt der Nachmittag.   Nach dem Nachmittag
kommt der Abend, und nach dem Abend kommt die Nacht.
Viele Leute schlafen in der Nacht, aber manche Leute
schlafen wenig in der Nacht, denn sie haben viel zu tun.

---

[205] **die Ordnungszahl** ordinal number.   [206] **heißen** be called, be named.
[207] **bekommen** get, receive.   [208] **die Stunde** hour.   [209] **der Mittag** noon.
[210] **manche** some.

Am Morgen essen wir Frühstück,[211] am Mittag essen wir unser Mittagessen, am Abend essen wir unser Abendessen.

Am Morgen sagen wir: „Guten Morgen, haben Sie gut geschlafen?"[212] Vor dem Mittagessen sagen wir: „Guten Appetit!" Am Nachmittag sagen wir: „Guten Tag!" Am Abend sagen wir: „Guten Abend!" Wenn wir zu Bett gehen, sagen wir: „Gute Nacht, schlafen Sie gut!"

10. DIE TAGE DER WOCHE[213]

Die Tage der Woche heißen Montag, Dienstag, Mittwoch, Donnerstag, Freitag, Samstag (oder Sonnabend) und Sonntag. Der erste Tag der Woche heißt Montag, der zweite Tag der Woche heißt Dienstag, der dritte Mittwoch, der vierte Donnerstag, der fünfte Freitag, der sechste Samstag (oder Sonnabend) und der siebente und letzte Sonntag.

Heute[214] ist Dienstag, gestern[215] war Montag, und morgen[216] ist Mittwoch. Heute ist ein Wochentag, gestern war auch ein Wochentag, morgen wird wieder ein Wochentag sein. Alle Wochentage sind Arbeitstage. Das Wochenende ist am Samstag und am Sonntag. Montag bis Freitag sind schwere Tage; Samstag und Sonntag sind gute

---

[211] **das Frühstück** breakfast. [212] **geschlafen** slept. [213] **die Woche** week. [214] **heute** today. [215] **gestern** yesterday. [216] **morgen** tomorrow.

Tage. Am Wochenende können wir lange schlafen,
tanzen,[217] Bier trinken, wandern, faul sein, und so weiter.

11. DIE MONATE

Die Monate heißen Januar, Februar, März, Apríl, Mai,
Juni, Jūli, Augúst, Septémber, Oktōber, Novémber und
5 Dezémber. Der erste Monat heißt Januar, der dritte heißt
März, und der letzte heißt Dezember. Für die Kinder ist der
letzte Monat der beste, denn am fünfundzwanzigsten Dezember ist Weihnachten.

Ein Monat hat dreißig oder einunddreißig Tage. Sieben
10 Monate haben einunddreißig Tage, vier Monate haben
dreißig Tage, und der Monat Februar hat achtundzwanzig
oder neunundzwanzig Tage.

Für die Studenten in Deutschland ist die erste Woche des
Monats die beste Woche, und die letzte Woche ist die
15 schlechteste Woche. In der ersten Woche hat der Student
Geld, in der letzten Woche hat er Hunger.

Man sagt:
Wenn im Januar der Winter nicht kommen will,
kommt er im März und im April.
20 Oder auch:
Was der März nicht will, nimmt der April.

12. DIE UHR[218] UND DIE ZEIT[219]

Viele Leute haben eine Uhr. Die Uhr hat zwei oder drei
Zeiger.[220] Der kleine Zeiger ist der Stundenzeiger. Der
Stundenzeiger zeigt die Stunden. Der große Zeiger ist der
25 Minutenzeiger. Der Minutenzeiger zeigt die Minuten.

---

[217] **tanzen** dance. [218] **die Uhr** watch, clock. [219] **die Zeit** time. [220] **der
Zeiger** hand (*of a clock*), pointer.

Der dritte Zeiger ist der Sekundenzeiger. Der Sekundenzeiger zeigt die Sekunden.

Neben[221] dem Bett auf einem kleinen Tisch steht oft ein
Wecker.[222] Ein Wecker ist eine Uhr, aber keine gute Uhr.
5 Er weckt uns aus dem besten Schlaf. Karls Wecker ist sehr
laut. Er weckt die ganze Familie, aber er weckt nicht Karl.
Wenn er Karl weckt, sagt Karl: „Wie schön ist es im Bett",
und dann schläft er weiter. Die Familie sagt: „Zu Weihnachten geben wir Karl einen elektrischen Wecker."

10   Wenn wir nicht wissen,[223] wie spät[224] es ist, fragen wir:
„Wie spät ist es?" oder „Wieviel Uhr ist es?" Die Antwort
auf unsere Frage ist:

Es ist ein Uhr; es ist fünf Minuten nach[225] zwei; es ist zehn
Minuten nach drei; es ist fünfzehn Minuten nach vier; es ist
15 zwanzig Minuten nach fünf; es ist fünfundzwanzig Minuten
nach sechs; es ist halb sieben;[226] es ist fünfundzwanzig Minuten vor[227] acht; es ist zwanzig Minuten vor neun; es ist
fünfzehn Minuten vor zehn; es ist zehn Minuten vor elf;
es ist fünf Minuten vor zwölf; es ist zwölf Uhr.

20   Eine Uhr geht oft zu schnell oder zu langsam. Wenn sie
zu schnell geht, sagen wir: „Diese Uhr geht vor."[228] Wenn
sie zu langsam geht, sagen wir: „Diese Uhr geht nach."[229]
Wenn eine Uhr vorgeht oder nachgeht, geht sie falsch.[230]
Wenn eine Uhr nicht vorgeht und nicht nachgeht, geht sie
25 nicht falsch, sondern richtig.[231] Wenn eine Uhr immer
richtig geht, sagen wir: „Eine wunderbare Uhr!" Wenn
eine Uhr immer falsch geht, sagen wir zum Vater oder zur
Mutter: „Meine Uhr ist sehr schlecht, und am fünfundzwanzigsten Dezember ist Weihnachten." Wenn eine Uhr nicht
30 geht, sagen wir: „Die Uhr steht."

---

[221] **neben** next to. [222] **der Wecker** alarm clock; **wecken** wake (someone)
up. [223] **wissen** know. [224] **spät** late. **Wieviel Uhr ist es? = Wie spät
ist es?** What time is it? [225] **nach** after. [226] **es ist halb sieben** it is half
past six. [227] **vor** before, in front of. [228] **die Uhr geht vor** the watch (clock)
is fast. [229] **die Uhr geht nach** the watch (clock) is slow. [230] **falsch**
wrong(ly). [231] **richtig** correct(ly).

EXERCISES

1

A. *Answer the following questions with* **ja** *or* **nein.**

1. Kommt das englische Wort *cognate* aus der deutschen Sprache?
2. Bedeutet „mit" auf deutsch „geboren"?
3. Bedeutet das englische Wort *cognate* auf deutsch „mitgeboren"?

B. *Answer the following questions.*

1. Aus welcher [*which*] Sprache kommt das Wort *cognate*?
2. Was [*what*] bedeutet *cognate* auf englisch?
3. Von welchen lateinischen Wörtern kommt das englische Wort *cognate*?
4. Was bedeutet „verwandte Wörter" auf englisch?

2

A. *Answer the following questions with* **ja** *or* **nein.**

1. Können wir verwandte Wörter leicht lernen?
2. Sind Englisch und Deutsch verwandte Sprachen?
3. Verstehen wir Wörter leicht, wenn sie allein stehen?

B. *Answer the following questions.*

1. Für welche Studenten hat die deutsche Sprache viele leichte Wörter?
2. Welche Wörter verstehen wir leicht?

3

A. *Answer the following questions with* **ja** *or* **nein.**

1. Ist der Wolf gelb?
2. Ist die Farbe der Maus grau?
3. Ist der Schnee rot?
4. Ist die Kohle grün?
5. Ist die Katze schwarz?

B. *Answer the following questions.*

1. Wie [*how, what color*] ist der Himmel?
2. Was ist braun?
3. Wie ist der Schnee?
4. Wann [*when*] ist der Himmel blau?

4

A. *Answer the following questions with* **ja** *or* **nein.**

1. Ist der Tiger ein Mensch?
2. Ist Helga eine Frau?
3. Gibt die Henne uns Milch?
4. Ist der Diamant weich?
5. Ist eine Meile lang?
6. Schwimmt ein Fisch schnell?
7. Ist der Tisch rund?
8. Müssen alle Menschen sterben?
9. Steht die Sonne am Morgen im Osten?

B. *Answer the following questions.*

1. Welche Tiere sind stark?
2. Wer [*who*] ist ein Freund des Menschen?
3. Wie ist das Wetter im Sommer?
4. Wie ist das Bett?
5. Was ist nie warm?
6. Was sagen wir, wenn die Sonne scheint?
7. Wie läuft ein Hase?
8. Wer ist reich?
9. Was sage ich, wenn ich für das Brot danke?
10. Wo [*where*] findet man Eisberge?

5

A. *Answer the following questions with* **ja** *or* **nein.**

1. Ist schwarzes Haar hell?
2. Liegt der Mund über den Augen?
3. Gehen wir mit kranken Zähnen zum Zahnarzt?
4. Haben wir ein linkes und ein rechtes Ohr?
5. Trägt das Pferd einen Reiter auf dem Kopf?

6. Liegt das Herz auf der linken Seite der Brust?
7. Haben wir zwei Arme und eine Hand?

B. *Answer the following questions.*

1. Welche Teile hat der Körper?
2. Was ist im Gesicht des Menschen?
3. Welche Tiere haben lange Ohren?
4. Was ist zwischen dem Kopf und der Brust?
5. Wo trägt der Vater sein Kind?
6. Wann schlägt das Herz schnell?
7. Wer fällt immer auf die Füße?
8. Wer hat einen großen Mund?
9. Wo haben wir fünf Finger?
10. Welche Tiere haben scharfe Zähne?

6

A. *Answer the following questions with* **ja** *or* **nein.**

1. Sagen alle Menschen, was sie denken?
2. Trägt man eine Brille, wenn man gut sehen kann?
3. Hören wir mit den Augen?
4. Riecht frischer Kaffee schlecht?
5. Schmeckt der Honig süß?
6. Fühlen wir mit den Fingern?
7. Sprechen wir Deutsch?
8. Geht Christa gern zu Fuß?
9. Gibt der Professor den Studenten wenig zu tun?
10. Trägt das kleine Kind die Mutter auf dem Rücken?

B. *Answer the following questions.*

1. Wann kann man kein konkretes Beispiel geben?
2. Womit [*with what*] sehen wir?
3. Womit hören wir?
4. Wie riecht frischer Kaffee?
5. Wie schmeckt der Zucker?
6. Womit fühlen wir?
7. Welche Sprache sprechen wir?
8. Welches Tier schreit?
9. Wer ruft Karl und Paul?
10. Womit fährt Paul von Berlin nach München?

7

A. *Answer the following questions with* **ja** *or* **nein**.

   1. Ist zehn eine Zahl?
   2. Sind eins, zwei, fünf und sieben drei Zahlen?
   3. Ist viermal fünfundzwanzig sechsundneunzig?

B. *Answer the following questions.*

   1. Wie zählt man von eins bis zehn und von zehn bis zwanzig?
   2. Wie zählt man von zwanzig bis hundert?
   3. Was ist zweimal fünfhundert?

8

A. *Answer the following questions with* **ja** *or* **nein**.

   1. Heißt *the first* auf deutsch „der dritte“?
   2. Ist zwei eine Ordnungszahl?
   3. Heißt *the fourteenth* auf deutsch „der dreizehnte“?

B. *Answer the following questions.*

   1. Wie heißt *the second* auf deutsch?
   2. Welcher Tag ist der zwölfte Tag im Oktober?
   3. Wie heißen die Ordnungszahlen von „erste” bis „neunzehnte”?
   4. Wie bekommt man die Ordnungszahl von zwanzig an?

9

A. *Answer the following questions with* **ja** *or* **nein**.

   1. Haben der Tag und die Nacht zusammen zwölf Stunden?
   2. Hat eine Stunde fünfzig Minuten?
   3. Ist der erste Teil des Tages der Morgen?
   4. Ist der dritte Teil des Tages der Vormittag?
   5. Essen wir Frühstück am Abend?

B. *Answer the following questions.*

   1. Wie viele Stunden hat der Tag?
   2. Wie viele Sekunden hat eine Minute?
   3. Wie heißt der zweite Teil des Tages?

4. Welcher Teil des Tages ist der Nachmittag?
5. Was kommt nach dem Abend?
6. Was liegt in der Mitte des Tages?
7. Was sagen wir am Morgen?
8. Wann sagen wir: „Guten Appetit"?

10

A. *Answer the following questions with* **ja** *or* **nein.**

1. Hat die Woche fünf Tage?
2. Heißt der erste Tag der Woche Mittwoch?
3. Sind Wochentage Arbeitstage?

B. *Answer the following questions.*

1. Wieviele Tage hat eine Woche?
2. Wie heißen die Tage der Woche?
3. Welche Tage sind Arbeitstage?
4. Wann können wir lange schlafen?

11

A. *Answer the following questions with* **ja** *or* **nein.**

1. Heißt der erste Monat Juni?
2. Hat der April einunddreißig Tage?
3. Ist Weihnachten im Oktober?
4. Kommt der Monat März nach dem Monat Februar?

B. *Answer the following questions.*

1. Wie heißen die zwölf Monate?
2. Welche Monate haben dreißig Tage?
3. Welcher Monat hat oft nur achtundzwanzig Tage?
4. Welcher Monat ist für die Kinder am schönsten?
5. Wie heißt der elfte Monat?

12

A. *Answer the following questions with* **ja** *or* **nein.**

1. Hat die Uhr einen Stundenzeiger?
2. Zeigt der große Zeiger die Sekunden?
3. Geht die Uhr nach, wenn sie zu schnell geht?

4. Geht die Uhr richtig, wenn sie vorgeht?
5. Steht die Uhr, wenn sie zu langsam geht?

B. *Answer the following questions.*

1. Wie heißen die Zeiger der Uhr?
2. Welcher Zeiger zeigt die Stunden?
3. Welche Uhr ist sehr laut?
4. Was fragen wir, wenn wir nicht wissen, wie spät es ist?
5. Was sagen wir, wenn eine Uhr zu schnell geht?

13. DAS JAHR

Das Jahr hat zwölf Monate, zweiundfünfzig Wochen, dreihundertfünfundsechzig oder dreihundertsechsundsechzig Tage.   Das Jahr hat vier Jahreszeiten.[1]   Die Jahreszeiten heißen Frühling, Sommer, Herbst und Winter.

5   Das Jahr beginnt am ersten Januar.   Am ersten Januar ist Neujahr.   Am einundzwanzigsten März ist der Tag so lang wie die Nacht.   An diesem Tage ist das Ende des Winters und der Anfang[2] (der Beginn) des Frühlings.   Am einundzwanzigsten Juni ist das Ende des Frühlings und der Anfang
10   (der Beginn) des Sommers.   Dieser Tag ist der längste Tag des Jahres.   Am einundzwanzigsten September ist das Ende des Sommers und der Anfang des Herbstes.   Am einundzwanzigsten Dezember ist das Ende des Herbstes und der Anfang des Winters.   Der einundzwanzigste Dezember ist
15   der kürzeste Tag des Jahres.   Am einunddreißigsten Dezember endet das Jahr.

14. DER FRÜHLING

Der kalte Winter ist zu Ende.[3]   Der Frühling ist da.   Die Tage werden länger.   Die Sonne scheint warm.   Unsere schönen Bäume im Garten zeigen frische, junge Blätter.[4]   Im

---

[1] die Jahreszeit season.   [2] der Anfang beginning.   [3] zu Ende over, past.
[4] das Blatt leaf.

Park sieht man grünes Gras. Der Himmel ist blau, die Luft[5]
ist mild und warm, im Wald[6] singt die Nachtigall. Die Erde[7]
beginnt ein neues Leben. Tiere und Menschen sind glücklich. Die Menschen kommen aus ihren Häusern und wan-
5   dern im Wald.

Im Frühling kommt unser guter Freund, der Storch, aus
dem Süden zurück. Siehst du das Haus dort mit dem roten
Dach?[8] Dort auf dem Dach steht der Storch mit seinen
dünnen Beinen in einem großen Nest.

10   Die Bienen fliegen[9] aus ihren kleinen Häusern. Sie
fliegen in die Gärten und die Felder,[10] sie fliegen zu ihrer Arbeit. In wenigen Monaten werden wir ihren süßen Honig
essen.

Es wird dunkler. Ein frischer Wind kommt aus dem
15   Westen. Der Himmel wird grau. Wird es regnen? Ja, es
regnet. Wir sind im April; im April regnet es oft.

15. DER SOMMER

Der Frühling ist zu Ende. Wir sind im Juni. Es ist heiß.[11]
Die Luft ist heiß, die Erde ist heiß, die Häuser sind heiß,
und nur im Wald, im Wasser[12] oder in den hohen[13] Bergen[14]
20   ist es kühl.[15] Am Wochenende sind die Städte[16] leer. Die
Schule hat Sommerferien. Oft fährt die ganze Familie in die
Ferien.[17] Wer viel Geld hat, hat ein Wochenendhaus. Wer
kein Geld hat, geht schwimmen, so oft er kann, und arbeitet,
so wenig er kann. Wenn man Glück hat, hat die Stadt ein
25   Schwimmbad.[18] Dort sieht man viele Studenten und Stu-
dentinnen, denn in Deutschland geht das Semester bis Mitte
Juli.

An den heißen Sommertagen sitzen viele Menschen im

---

[5] **die Luft** air. [6] **der Wald** forest, woods. [7] **die Erde** earth. [8] **das Dach**
roof. [9] **fliegen** fly. [10] **das Feld** field. [11] **heiß** hot. [12] **das Wasser** water.
[13] **hoh-** *inflected form of* **hoch** high. [14] **der Berg** mountain. [15] **kühl**
cool. [16] **die Stadt** city, town. [17] **die Ferien** (*plural*) vacation; **in die
Ferien fahren** go on vacation. [18] **das Schwimmbad** swimming pool.

Park. Alle warten auf[19] Regen, alle warten auf kühles
Wetter. Nach dem Regen sind Tiere und Menschen glücklich, aber nicht lange, denn sehr bald[20] wird es wieder heiß.

16. DER HERBST

5   Im Herbst werden die Tage kürzer, die Abende werden
länger, die Nächte werden kühler. Die Blätter auf den
Bäumen werden rot, braun oder gelb. Ein Blatt nach dem
anderen fällt zur Erde. Bald kommt der Dezember. Bald
haben die Bäume keine Blätter mehr.[21]

10   Im Herbst fliegt der Storch zurück nach den wärmeren
Ländern des Südens. Wir sehen ihn nicht mehr auf dem
roten Dach des Hauses. Sein Nest ist leer.

     Der Apfelbaum im Garten hängt voll von schönen, roten
Äpfeln. Der Wind bläst,[22] und viele Äpfel fallen zur Erde.
Die Kinder tragen die Äpfel ins Haus und legen sie in den
15 Keller.[23]

     Die Luft ist frisch und kühl. Die langen, heißen Sommer-
tage sind zu Ende. Die Ferien sind auch zu Ende. Die
Menschen fahren wieder nach Hause. Die Menschen
können wieder arbeiten und schlafen.

17. DER WINTER

20 Heute ist der zwanzigste Dezember, morgen beginnt der
Winter. Ein kalter Nordwind bläst über die Straßen[24] der
Stadt. Hoher[25] Schnee bedeckt die Straßen und Häuser der
Stadt. Nun liegt hoher Schnee auf allen Bergen.

     Der Himmel wird grau. Bald bekommen wir noch[26] mehr
25 Schnee, noch mehr Eis und noch mehr kaltes Wetter. Aber

---

[19] **warten auf** wait for. [20] **bald** soon. [21] **keine Blätter mehr** no more
leaves. [22] **blasen** blow. [23] **der Keller** basement, cellar. [24] **die Straße**
street. [25] **hoher** *here* deep. [26] **noch** still, even.

auch der Winter ist schön. Für die Kinder ist nichts schöner als Weihnachten. Für viele ältere Leute ist nichts schöner als ein gutes Buch bei einem warmen Feuer im Wohnzimmer.[27] Manche sitzen aber lieber[28] vor dem Fernseher.[29]

18. DIE FAMILIE

5 Ich habe einen Vater und eine Mutter. Der Vater und die Mutter sind meine Eltern.[30] Ich habe einen Großvater und eine Großmutter. Mein Großvater und meine Großmutter sind meine Großeltern. Meine Großeltern von Mutters Seite leben noch. Meine Großeltern von Vaters Seite leben 10 nicht mehr.

Meine Eltern haben zwei Kinder, eine Tochter und einen Sohn. Der Sohn ist mein kleiner Bruder, die Tochter bin ich; das heißt,[31] mein Bruder hat nur eine Schwester, und ich habe nur einen Bruder.

15 Der Bruder meines Vaters oder meiner Mutter ist mein Onkel. Die Schwester meines Vaters oder meiner Mutter ist meine Tante. Ich habe nur einen Onkel. Mein Onkel ist ein Bruder meines Vaters. Auch habe ich nur eine Tante. Meine Tante ist eine Schwester meiner Mutter.

20 Die Kinder meiner Tante sind mein Vetter[32] und meine Kusine.[33] Mein Vetter ist so alt wie ich; meine Kusine ist noch sehr klein und geht in einen Kindergarten. Wir alle, das heißt, mein Vetter und ich und meine Kusine und mein kleiner Bruder, sind gute Freunde.

19. DAS HAUS

25 Unser Haus hat sieben Zimmer,[34] einen großen Keller und eine Garage. Wir haben ein Wohnzimmer, ein Eßzimmer,

---

[27] das **Wohnzimmer** living room. [28] **lieber** rather, preferably. [29] **der Fernseher** television set. [30] **die Eltern** parents. [31] **das heißt** that is to say, i.e. [32] **der Vetter** cousin (*male*). [33] **die Kusine** cousin (*female*). [34] **das Zimmer** room.

drei Schlafzimmer, ein Badezimmer, ein Arbeitszimmer[35] und eine Küche.[36]   Im Wohnzimmer sitzen wir vor dem Feuer.   Im Eßzimmer essen wir.   Im Badezimmer ist das Bad[37] und die Toilette.   In der Küche kochen[38] wir.

5   Mein Schlafzimmer ist groß und hell.   Es hat drei hohe Fenster[39] und liegt nach dem Garten.[40]   Am Morgen scheint die warme Sonne auf mein Bett neben dem Fenster.   Im Arbeitszimmer arbeite ich oft.   In der Mitte des Zimmers steht ein großer Tisch, ein Schreibtisch.[41]   An dem Schreibtisch

10   schreibe ich meine Arbeiten[42] für die Schule.   Wenn die Arbeiten schwer sind, muß meine Mutter helfen.

An der einen Wand hängen Bilder,[43] an den anderen Wänden stehen Bücher.   In der Ecke steht ein Fernseher. Meine Schwester und mein Vater sitzen oft vor dem Fern-

15   seher.   Meine Mutter liest[44] gern Bücher, wenn sie Zeit hat. Oft liest sie bis spät in die Nacht, und am nächsten[45] Morgen muß mein Vater das Frühstück machen.   Mein Vater ist oft in der Küche, denn er kocht gern und auch sehr gut.

Neben dem Haus ist die Garage.   Eine Tür[46] geht von der

20   Küche in die Garage.   In der Garage steht unser Auto.   Nach dem Frühstück gehen die Kinder zur Schule, und Vater und Mutter fahren in die Stadt zur Arbeit.

20.   DER GARTEN UND DER PARK

Hinter unserem Haus liegt ein Garten.   In unserem Garten sind viele schöne Blumen,[47] einige Apfelbäume und viel

25   gutes Gemüse.[48]   Von allen Blumen hat mein Vater die Rosen am liebsten,[49] und so haben wir die schönsten Rosen, weiße, gelbe und rote.   Mein Vater und meine Mutter arbeiten oft im Garten, und dann haben wir schöne Blumen

---

[35] **das Arbeitszimmer** study, den, work room.   [36] **die Küche** kitchen.
[37] **das Bad** bath, bathroom; *verb:* **baden.**   [38] **kochen** cook.   [39] **das Fenster** window.   [40] **es liegt nach dem Garten** it faces the garden.   [41] **der Schreibtisch** desk.   [42] **die Arbeit** *here* written work, paper (*for school*).
[43] **das Bild** picture.   [44] **lesen** read.   [45] **nächst-** next.   [46] **die Tür** door.
[47] **die Blume** flower.   [48] **das Gemüse** vegetables.   [49] **am liebsten haben** like best of all.

auf dem Schreibtisch und auf dem Tisch im Eßzimmer. Im
Herbst müssen wir alle im Garten bei[50] der Arbeit helfen.

In der Mitte des Gartens ist ein kleiner Brunnen.[51] In
dem Brunnen schwimmen viele Goldfische. Unsere Katzen
5 sind die besten Freunde der Goldfische. Sie sitzen am
Brunnen und warten, bis ein Goldfisch zu nahe[52] kommt;
wenn er zu nahe kommt, muß er sterben. Jeden Oktober
bringen wir die Goldfische ins Haus, denn das Wasser ist
im Winter zu kalt.

10   Ein Teil unseres Gartens ist nur für Gemüse. In unserer
Familie ißt man Gemüse gern und oft. Wir essen Gemüse
lieber als[53] Fleisch. Mein Vater ißt nicht so viel wie ich. Er
sagt: „Viele Menschen essen zu viel, und manche Menschen
sterben[54] an ihrem guten Appetit."

15   Nicht alle Leute haben einen Garten. Sie gehen oft in
den Stadtpark. Dort sehen sie auch viele schöne Bäume
und Blumen. Die Kinder spielen gern im Park, die Eltern
sitzen gern im grünen Gras. Manche Studenten und Stu-
dentinnen bringen ihre Bücher in den Park, aber sie lesen
20 die Bücher nicht immer.

21. DIE STADT

Viele Menschen haben ein Auto, aber man braucht[55] kein
Auto, wenn man in der Stadt lebt. Man kann zum Beispiel
mit dem Bus oder mit einem Taxi fahren. In Deutschland
fahren viele schnelle und gute Züge von einer Stadt zur an-
25 deren. Man fährt in wenigen Stunden von München nach
Berlin. Jede Stadt hat einen Bahnhof,[56] und die Busse
fahren vom Bahnhof zu allen Teilen der Stadt.

Am Abend gehen die Leute ins Restaurant, ins Theater,
ins Konzert. Im Restaurant essen sie ein gutes Abendessen,
30 zum Beispiel Fleisch oder Fisch und Gemüse. Sie trinken
ein Glas Wein oder Bier. Nach dem Essen trinken sie

---

[50] **bei** *here* with. [51] **der Brunnen** fountain. [52] **nahe** near. [53] **lieber als**
rather than, in preference to. [54] **sterben an** die of. [55] **brauchen**
need. [56] **der Bahnhof** railroad station.

Kaffee oder Tee. Wer Musik gern hat, geht ins Konzert.
Manche gehen aber lieber tanzen. Wer von Amerika nach
Deutschland fliegt, nimmt ein Zimmer in einem alten oder
in einem modernen Hotel, geht am Tag ins Museum oder in
5 den zoologischen Garten (Zoo) und am Abend ins Theater.
Im Museum hängen viele Bilder an den Wänden. Nicht alle
Leute verstehen die abstrakten Bilder. Man braucht nicht
alle Bilder zu verstehen.

22. DIE SCHULE

Elke ist siebzehn Jahre alt. Sie ist in der zwölften Klasse.
10 Die Schule beginnt um acht Uhr und endet um ein Uhr.
Nach der Schule geht Elke nach Hause. Sie kocht das Mittagessen für ihren kleinen Bruder, denn die Mutter arbeitet
in der Stadt und ist nicht zu Hause.[57] Elke hat drei Lehrer[58]
und zwei Lehrerinnen. Sie bekommt jeden Tag viele
15 Aufgaben.[59] Am Nachmittag muß sie die Aufgaben machen.
Wenn Elke zu faul ist und die Aufgaben nicht gut macht,
kann sie nicht studieren.[60] Sie will Medizin studieren. Sie
will Ärztin werden.

23. DIE UNIVERSITÄT

Manche Universitäten in Deutschland sind viele hundert
20 Jahre alt, andere sind ganz neu und sehr modern. Viele
Vorlesungen[61] haben einige hundert Studenten. Der Professor oder die Professorin beginnt die Vorlesung mit den
Worten: „Meine Damen und Herren,[62] in diesem Semester
wollen wir die moderne deutsche Literatur studieren."
25 Wenn die Vorlesung zu abstrakt wird, kommen die Studenten nicht mehr oder sie schlafen in der Vorlesung.

---

[57] **zu Hause** at home. [58] **der Lehrer, die Lehrerin** teacher; *verb:* **lehren.**
[59] **die Aufgabe** homework, lesson; task. [60] **studieren** study. [61] **die
Vorlesung** lecture. [62] **meine Damen und Herren** ladies and gentlemen.

Konkrete Beispiele machen es leichter, die Vorlesung zu verstehen. Am Ende des Semesters muß man oft eine große Arbeit schreiben. Nach neun oder zehn Semestern macht man ein großes Examen,[63] wenn man Lehrer oder Lehrerin

5 werden will, oder man schreibt eine Doktorarbeit. Dann heißt man „Herr Doktor" oder „Frau Doktor".

24. EIN TAG IM LEBEN DER FAMILIE BRAUN

Helga und Peter Braun wohnen[64] mit ihren zwei Kindern in München. Barbara, die Tochter, studiert Medizin an der Universität München.[65] In drei Jahren macht sie ihr Exa-

10 men und will dann als Hals- Nasen- Ohrenärztin in München arbeiten. Thomas, der Sohn, geht zur Schule. Er ist in der zehnten Klasse. Er will auf die Universität Berlin gehen, aber er muß schwer arbeiten, wenn er später studieren will.

15 Herr Braun ist Taxifahrer in München. Er arbeitet jeden Morgen von fünf Uhr bis zwölf Uhr und manchmal auch am Abend. Frau Braun ist Lehrerin in einem Kindergarten. Um halb acht gehen Frau Braun und Thomas aus dem Haus und fahren zehn Minuten mit dem Bus zur Schule. Barbara

20 schläft bis um neun Uhr, denn sie sitzt oft bis spät in die Nacht über ihren Büchern. Sie ißt ihr Frühstück allein und geht dann zu ihren Vorlesungen. Um zwölf Uhr kommt Frau Braun nach Hause. Dann kocht sie schnell das Essen, und wenn Thomas um eins aus der Schule kommt, essen

25 Herr und Frau Braun und Thomas zusammen ihr Mittagessen. Am Nachmittag macht Thomas seine Schularbeiten und geht zu seinen Freunden oder zu seiner Freundin, wenn er eine Freundin hat. Zum Abendessen kommt Barbara oft nach Hause. Nach dem Abendessen sitzt

30 manchmal die ganze Familie vor dem Fernseher. Die El-

---

[63] **Examen machen** take an exam. [64] **wohnen** live, dwell. [65] **Universität München** University of Munich.

tern gehen oft schon um zehn Uhr zu Bett, aber Barbara und Thomas gehen später schlafen. Thomas soll auch um zehn Uhr schlafen gehen, aber er tut das nicht gern und auch nicht oft.

EXERCISES

13

A. *Answer the following questions with* **ja** *or* **nein**.

1. Hat das Jahr zwölf Wochen?
2. Hat das Jahr zweiundfünfzig Jahreszeiten?
3. Ist am einundzwanzigsten März der Anfang des Winters?
4. Ist am einundzwanzigsten April der Tag so lang wie die Nacht?

B. *Answer the following questions.*

1. Wie heißen die vier Jahreszeiten?
2. Wann ist der Anfang des Frühlings?
3. Wie viele Monate und Wochen hat das Jahr?
4. Welcher Tag ist der längste Tag des Jahres?
5. Wann endet das Jahr?

14

A. *Answer the following questions with* **ja** *or* **nein**.

1. Werden die Tage im Winter länger?
2. Zeigen die Bäume im Frühling junge Blätter?
3. Singt die Nachtigall im Haus?
4. Ist die Biene ein fleißiges Tier?
5. Scheint die Sonne immer im April?

B. *Answer the following questions.*

1. An welchem Tag ist der Winter zu Ende?
2. Wie werden die Tage im Frühling?
3. Was sieht man im Park?
4. Wie sind die Tiere und Menschen im Frühling?

5. Was tun die Menschen?
6. In welchem Monat regnet es oft?

15

A. *Answer the following questions with* **ja** *or* **nein.**

1. Ist im Juni der Sommer zu Ende?
2. Sind alle Menschen am Wochenende in den Städten?
3. Fährt oft die ganze Familie in die Ferien?
4. Sieht man viele Studenten im Schwimmbad?

B. *Answer the following questions.*

1. Wann ist der Frühling zu Ende?
2. Wo ist der Sommer kühl?
3. Wann sind die Städte leer?
4. Wer hat ein Wochenendhaus?
5. Bis wann geht das Semester im Sommer?
6. Wo sitzen viele Menschen an heißen Sommertagen?
7. Worauf [*for what*] warten sie?

16

A. *Answer the following questions with* **ja** *or* **nein.**

1. Werden im Herbst die Tage länger?
2. Werden die Blätter grün?
3. Tragen die Kinder die Äpfel in den Park?

B. *Answer the following questions.*

1. Wie werden im Herbst die Abende?
2. Wie werden die Blätter auf den Bäumen?
3. Was hängt an den Apfelbäumen?
4. Wer trägt die Äpfel ins Haus?
5. Was können die Menschen wieder tun?

17

A. *Answer the following questions with* **ja** *or* **nein.**

1. Ist morgen der zwanzigste Dezember?
2. Bläst ein kalter Nordwind?
3. Wird der Himmel blau?
4. Bekommen wir bald Sommerwetter?

B. *Answer the following questions.*

1. Welcher Tag ist heute?
2. Was beginnt morgen?
3. Wo liegt hoher Schnee?
4. Was tun viele ältere Leute?
5. In welchem Zimmer sitzen sie?
6. Was tun manche Leute lieber?

18

A. *Answer the following questions with* **ja** *or* **nein.**

1. Sind Ihr[1] Vater und Ihre Mutter Ihre Großeltern?
2. Leben Ihre Großeltern noch?
3. Ist der Bruder Ihrer Mutter Ihre Tante?
4. Ist der Sohn Ihrer Eltern Ihre Schwester?
5. Ist die Tochter Ihrer Tante Ihre Kusine?

B. *Answer the following questions.*

1. Wer sind Ihre Eltern?
2. Wer sind Ihre Großeltern?
3. Wieviele Brüder haben Sie?
4. Wer ist der Bruder Ihres Vaters?
5. Wie alt ist Ihr Vetter?
6. Wie groß ist Ihre Kusine?

19

A. *Answer the following questions with* **ja** *or* **nein.**

1. Hat Ihr[1] Haus zehn Zimmer?
2. Haben Sie zwei Garagen?
3. Essen Sie im Wohnzimmer?
4. Ist Ihr Schlafzimmer klein und dunkel?
5. Hängt an der Wand ein Fernseher?

B. *Answer the following questions.*

1. Wieviele Zimmer hat Ihr Haus?
2. Wie heißen die Zimmer?

[1] *Note that the possessive when capitalized refers to the person or persons addressed, i.e., to you. Begin your answer:* **Mein Vater und meine Mutter.** . . (18) *or* **Unser Haus hat.** . . (19).

3. Was tun Sie im Eßzimmer?
4. Wo kochen Sie?
5. Warum ist Ihr Schlafzimmer hell?
6. Wo schreiben Sie Ihre Arbeiten für die Schule?
7. Was steht an den Wänden des Arbeitszimmers?
8. Wer sitzt oft vor dem Fernseher?
9. Warum ist der Vater oft in der Küche?
10. Wohin fahren die Eltern nach dem Frühstück?

20

A. *Answer the following questions with* **ja** *or* **nein.**

1. Sind in Ihrem Garten schöne Blumen?
2. Ist der Brunnen in der Mitte des Gartens?
3. Schwimmen in dem Brunnen viele Katzen?
4. Haben alle Menschen einen Garten?

B. *Answer the following questions.*

1. Was liegt hinter Ihrem Haus?
2. Welche Blumen hat Ihr Vater am liebsten?
3. Wann müssen alle im Garten helfen?
4. Was tun die Katzen?
5. Wann bringen Sie die Goldfische ins Haus?
6. Warum bringen Sie die Goldfische ins Haus?
7. Was essen Sie lieber als Fleisch?
8. Was bringen manche Studenten in den Park?

21

A. *Answer the following questions with* **ja** *or* **nein.**

1. Braucht man ein Auto, wenn man in der Stadt lebt?
2. Fahren in Deutschland nur langsame Züge?
3. Gehen alle Menschen ins Konzert?
4. Verstehen alle Leute die abstrakten Bilder?

B. *Answer the following questions.*

1. Wann braucht man kein Auto?
2. Womit kann man zum Beispiel fahren?
3. Was hat jede Stadt?
4. Was tun die Leute am Abend?

5. Was tut man, wenn man von Amerika nach Deutschland fliegt?
6. Wohin geht man am Tag?

22

A. *Answer the following questions with* **ja** *or* **nein**.

1. Ist Elke zwölf Jahre alt?
2. Beginnt die Schule um zehn Uhr?
3. Geht Elke nach der Schule nach Hause?
4. Hat Elke nur Lehrerinnen?
5. Will Elke Lehrerin werden?

B. *Answer the following questions.*

1. Wie alt ist Elke?
2. Wann beginnt und wann endet die Schule?
3. Was tut Elke nach der Schule?
4. Wo arbeitet Elkes Mutter?
5. Was will Elke studieren?

23

A. *Answer the following questions with* **ja** *or* **nein**.

1. Sind alle Universitäten in Deutschland neu?
2. Haben viele Vorlesungen einige hundert Studenten?
3. Muß man am Anfang des Semesters eine große Arbeit schreiben?

B. *Answer the following questions.*

1. Wie beginnt die Professorin die Vorlesung?
2. Wann schlafen die Studenten in der Vorlesung?
3. Was macht es leichter, die Vorlesung zu verstehen?
4. Wie heißt man, wenn man eine Doktorarbeit schreibt?

24

A. *Answer the following questions with* **ja** *or* **nein**.

1. Wohnen Helga und Peter Braun allein in München?
2. Macht Barbara morgen ihr Examen?
3. Ist Herr Braun Arzt?

4. Fährt Frau Braun mit ihrem Auto zur Schule?
5. Gehen Herr und Frau Braun immer spät schlafen?

B. *Answer the following questions.*

1. Wo wohnt die Familie Braun?
2. Warum studiert Barbara Medizin?
3. Wer ist Thomas?
4. Was tut Herr Braun?
5. Wann arbeitet Herr Braun?
6. Warum schläft Barbara bis 9 Uhr?
7. Wann kommt Frau Braun nach Hause?
8. Was tut Thomas am Nachmittag?

Idioms Used in the Text

„Co" bedeutet **auf englisch** *with*, **auf deutsch** „mit".
Zum Beispiel, das Wort „Name" ist leicht zu lernen.
Man schreibt sie **genau so wie** die englischen Wörter.
Eine Katze ist nicht **so** schwach **wie** eine Maus.
Unser Hund **hat** oft **Hunger,** er **hat** oft **Appetit.**
Er will nie **in die Schule gehen.**
Wir sprechen von hellblau und dunkelblau **und so weiter.**
Welch ein heller, sonniger Tag!
Das ist **die Antwort auf** diese Frage.
Ich **bitte** Helga **um** Brot.
Am Morgen steht die Sonne im Osten, **am Abend** steht sie im Westen.
Er sagt **viel Schlechtes.**
Sie **hat** viel **Glück** im Leben.
Man sagt: „Er **lebt auf großem Fuße.**"
Wir sagen: „Auf Wieder-

sehen!" Am Telefon sagen wir: **„Auf Wiederhören!"**
Peter **geht** gern **zu Fuß.**
Am Abend kommen sie wieder **nach Hause.**
Wir fragen: **„Wieviel Uhr ist es?"**
Mein Glas ist **nicht mehr** ganz voll.
Der kalte Winter ist **zu Ende.**
Oft **fährt** die ganze Familie **in die Ferien.**
Alle **warten auf** Regen.
Bald haben die Bäume **keine** Blätter **mehr.**
Die Tochter bin ich; **das heißt,** mein Bruder hat nur eine Schwester.
Mein Zimmer **liegt nach** dem Garten.
Mein Vater **hat** Rosen **am liebsten.**
Wir essen Gemüse **lieber als** Fleisch.
Die Mutter ist nicht **zu Hause.**

Manche Menschen **sterben an**
ihrem guten Appetit.

Nach zehn Semestern **macht**
man ein großes **Examen.**

Vocabulary (Part A)

abstrakt
all
alt
der Apfel
der Appetit
der April
der Arm
die Asche
der August
aus
das Auto
das Bad; baden
der Bär
beginnen
besser
das Bett
das Bier
blau
blind
blond
braun
bringen
das Buch
der Bus
der Busch
die Butter
die Dame
danken
der Dezember
der Diamant
dick
der Doktor
das Eis
der Elefant
elektrisch
das Ende; enden

englisch
das Examen
fallen
die Familie
der Februar
das Feld
finden
der Finger
der Fisch; fischen
der Freund
frisch
die Garage
der Garten
das Gas
geboren
das Glas
das Gold
das Gras
grün
gut
halb
die Hand
hängen
hart
das Haus
die Henne
hier
das Hotel
hundert
der Hunger
in
der Infinitiv
der Januar
der Juli
jung
der Juni

der Kaffee
kalt
die Katze
das Kilometer
der Kindergarten
das Kinn
die Klasse
das Knie
die Kohle
kommen
konkret
das Konzert
das Krokodil
das Land
lang
lateinisch
laut
lernen
die Lippe
die Literatur
machen
der Mai
der Mann
die Maus
die Medizin
die Meile
das Meter
die Milch
mild
die Million
die Minute
modern
das Museum
die Musik
die Mutter
der Name

die Nase
das Nest
neu
neun
der Norden
der November
oft
der Oktober
der Onkel
das Papier
der Park
die Pistole
der Professor
reiten; der Reiter
relativ
das Restaurant
der Ring
die Rose
rund
der Sack
scharf
der Schuh
die Schule
die Schulter

schwimmen
die Seite
die Sekunde
selten
das Semester
der September
singen
sitzen
so
das Sofa
der Sohn
der Sommer
die Sonne
still
der Storch
der Student
studieren
tausend
das Taxi
der Tee
das Telefon
das Theater
der Tiger
die Tochter

die Toilette
trinken
un-(*negative prefix*)
und
die Universität
der Vater
das Verb
voll
wandern
warm
waschen
das Wasser
der Wein
wenn
der Westen
das Wetter
wild
der Wind
der Winter
der Wolf
das Wort
das Zentimeter
zoologisch

(Part B)

der Abend
aber
acht
achtzig
allein
alles
als
also
an
andere
der Anfang; anfangen
die Antwort; antworten
die Arbeit; arbeiten
das Arbeitszimmer

arm
der Arzt
auch
auf
die Aufgabe
das Auge
die Backe
der Bahnhof
bald
der Baum
bedecken
bedeuten
bei
das Bein

das Beispiel
beißen
bekommen
der Berg
die Biene
das Bild
bis
bitte
bitten
blasen
das Blatt
die Blume
böse
brauchen

die Brille
das Brot
der Bruder
der Brunnen
die Brust
da
das Dach
dann
denken
denn
deutsch
Deutschland
Dienstag
dieser
Donnerstag
dort
drei
dreißig
dritt-
dunkel
dünn
die Ecke
eckig
das Ei
ein
einige
elf
die Eltern
die Erde
erst-
der Esel
essen
fahren
falsch
die Farbe
faul
das Fenster
die Ferien
der Fernseher
das Feuer
das Fleisch
fleißig

fliegen
fragen
die Frau
das Fräulein
Freitag
der Frühling
das Frühstück
fühlen
fünf
fünfzig
für
der Fuß
ganz
geben
gehen
gelb
das Geld
das Gemüse
genau
genug
gern
das Gesicht
gestern
gesund
das Glück
grau
groß
das Haar
haben
der Hals
der Hase
häufig
heiß
heißen
helfen
hell
der Herbst
der Herr
das Herz
heute
der Himmel
hinter

hoch
der Honig
hören
der Hund
immer
ja
das Jahr
die Jahreszeit
jeder
jemand
der Junge
die Karte
kein
der Keller
das Kind
klein
kochen
können
der Kopf
der Körper
krank
die Küche
die Kuh
kühl
kurz
die Kusine
langsam
laufen
leben; das Leben
leer
legen
lehren; der Lehrer
leicht
lesen
letzt-
die Leute
lieber
liegen
link-
die Luft
das Mädchen
mal

man	richtig	die Stimme
mancher	riechen	die Straße
die Mark	rot	die Stunde
der März	der Rücken	der Süden
mehr	rufen	süß
der Mensch	sagen	der Tag
mit	Samstag/Sonnabend	die Tante
der Mittag	der Satz	tanzen
die Mitte	scheinen	der Teil
Mittwoch	schlafen	das Tier
der Monat	schlagen	der Tisch
Montag	schlecht	tragen
der Morgen	schmecken	tun
morgen	der Schnee	die Tür
München	schnell	über
der Mund	schön	die Uhr
müssen	schreiben	verstehen
nach	der Schreibtisch	verwandt
nachgehen	schreien	der Vetter
nächst-	schwach	viel(e)
die Nacht	schwarz	vier
die Nachtigall	schwer	vierzig
nahe	die Schwester	von
neben	das Schwimmbad	vor
nehmen	sechs	vorgehen
nein	sechzig	die Vorlesung
neunzig	sehen	der Wald
nicht	sehr	die Wand
nichts	sein	warten
nie	sieben	was
noch	siebzig	wecken
nun	solch	der Wecker
nur	sondern	weich
oder	Sonntag	die Weihnachten
ohne	spät	weiß
das Ohr	spielen	weiter
die Ordnungszahl	die Sprache	welch
der Osten	sprechen	wenig
das Pferd	die Stadt	wer
recht-	stark	werden
regnen	stehen	wie
reich	sterben	wieder

wiederhören	wunderbar	die Zeit	zusammen
wiedersehen	die Zahl	das Zimmer	zwanzig
wieviel(e)	zählen	zu	zwei
wissen	der Zahn	der Zucker	zwischen
die Woche	zehn	der Zug	zwölf
wohnen	zeigen	die Zunge	
wollen	der Zeiger	zurück	

2 Fabeln

Fabeln

Fables are older than Western Civilization itself, and they seem to have developed independently in many different cultures. The name Aesop is still familiar to us as the first great collector of fables in ancient Greece, and the semi-legends surrounding his name include the notion that he was born a slave. Perhaps the greatest appeal of fables through the ages has been that the weak and underprivileged commonly use their natural intelligence to circumvent or even defeat the powerful and the morality the latter have established to protect their interests. The custom of "rooting for the underdog" is seldom better expressed than in the fable.

Since human beings usually play only a peripheral role, if any, in fables, it has been necessary to introduce a few more animal names than one would normally do this early in a German course, but we trust that the lasting appeal of fables, and the further advantage of familiarity in many cases, will be more than adequate reward.

1. DER LÖWE[1] UND DER FROSCH[2]

Ein Frosch kommt mit seinen Kindern aus einem Teich.[3] Ein Löwe trinkt aus dem Teich. Der Frosch sieht den Löwen und denkt: „Welch ein schönes Tier! Wie groß und schön es ist! Ich bin nur ein kleiner Frosch, aber ich will so
5 groß und schön werden wie dieser Löwe. Wie kann ich das machen?" Dann bläst er sich auf,[4] so stark wie er kann. „Bin ich nun so groß und schön wie der Löwe?" fragt er seine Kinder. „Nein, Vater, noch nicht",[5] antworten die Kinder. Der Frosch bläst sich noch stärker auf und fragt
10 wieder: „Bin ich nun so groß und schön wie der Löwe?"— „Nein, Vater, noch nicht", antworten die Kinder wieder. Da

---

[1] **der Löwe** lion. [2] **der Frosch** frog. [3] **der Teich** pond. [4] **aufblasen** blow up, inflate. [5] **noch nicht** not yet.

bläst sich der dumme Frosch noch stärker auf, platzt[6] und ist
tot.[7]

2. DER LÖWE UND DER ESEL

Ein Esel kommt zu einem Löwen und sagt: „Geh mit mir
auf einen Berg. Ich will dir zeigen, wie die Tiere sich vor
5 mir fürchten,[8] wenn ich schreie. Willst du mit mir auf einen
Berg gehen und sehen, wie die Tiere sich vor mir fürchten?"
Der Löwe lacht über[9] die Worte des Esels und sagt: „Gut,
ich gehe mit dir." Der Esel geht mit dem Löwen auf einen
hohen Berg und beginnt zu schreien, wie alle Esel schreien.
10 Die Tiere im Walde und auf dem Felde hören den Esel
schreien und laufen weg,[10] so schnell wie sie können.
„Siehst du nun, wie sie sich vor mir fürchten und wie sie
laufen, wenn ich schreie?" fragt der Esel den Löwen. „Ja",
antwortet der Löwe, „ich sehe, sie laufen weg. Deine
15 Stimme ist laut, und jeder kann dich hören. Kein Tier hat
eine so laute Stimme wie du. Aber trotzdem[11] bist du nichts
als[12] ein kleiner Esel."

3. DER LÖWE UND DER HASE

Ein Hase sieht einen großen Löwen im Wald. „Ich höre",
sagt der Hase zu dem König[13] der Tiere, „du fürchtest dich,

---

[6] **platzen** burst, explode. [7] **tot** dead. [8] **sich fürchten (vor)** be afraid (of).
[9] **lachen über** laugh at, laugh about. [10] **weg** away; **weglaufen** run
away. [11] **trotzdem** nevertheless. [12] **nichts als** nothing but. [13] **der König**
king.

wenn ein Esel schreit. Ist das wahr,[14] o König der Tiere?"—
„Ja, Häschen",[15] antwortet der Löwe, „das ist wahr. Jedes
große, starke Tier hat seine Fehler.[16] Der Elefant, zum
Beispiel, fürchtet sich, wenn ein Schwein[17] schreit. Wenn
5 ein junges Schweinchen schreit, läuft der Elefant so schnell,
wie er kann." —„Das ist wunderbar", sagt der Hase, „das
freut mich".[18] —„Das freut dich?" fragt der Löwe, „warum[19]
freut dich das, Häschen?"—„Das freut mich sehr", antwortet
der Hase, „denn, wie du sagst, hat jedes große, starke Tier
10 seine Fehler. Ich, zum Beispiel, fürchte mich vor einem
Hund. Nun weiß ich warum."

4. DER LÖWE, DER ESEL UND DER FUCHS[20]

Der Löwe, der Esel und der Fuchs gehen zusammen durch[21]
den Wald und töten[22] viele Tiere. Am Abend sagt der Löwe
zu dem Esel: „Ich bin hungrig. Teile![23] Gib jedem von uns
15 seinen Teil." Der Esel teilt die Tiere in drei gleiche[24] Teile
und sagt dann: „Nimm deinen Teil!" Der Löwe sieht die
drei gleichen Teile, springt auf den Esel und beißt ihn tot.
Dann sagt er zu dem Fuchs: „Nun, Fuchs teile und gib
jedem von uns seinen Teil." Der Fuchs teilt, und er teilt die
20 Tiere nicht in zwei gleiche Teile, sondern er nimmt nur
einen kleinen Hasen für sich selbst[25] und gibt dem Löwen
all die anderen Tiere. Der Löwe lacht und sagt: „Du
weißt, wie man teilt. Wer ist dein Lehrer, Fuchs?" —
„Dieser dumme, tote Esel ist mein Lehrer", antwortet der
25 Fuchs.

---

[14] **wahr** true. [15] **Häschen** little rabbit; **chen** *diminutive suffix.* [16] **der
Fehler** fault, mistake. [17] **das Schwein** pig. [18] **sich freuen** be pleased, be
glad; **das freut mich** that makes me happy. [19] **waru'm** why. [20] **der
Fuchs** fox. [21] **durch** through. [22] **töten** kill. [23] **teilen** divide, share.
[24] **gleich** equal; same. [25] **selbst** (him)self.

5. DER LÖWE UND DIE MAUS

Ein Löwe liegt im Wald und schläft. Eine kleine Maus
spielt an der Stelle,[26] wo[27] er schläft. Sie springt auf den
Löwen und weckt ihn. Der Löwe fängt[28] die Maus. Die
kleine Maus sagt: „Töte mich nicht. Wir Mäuse spielen
5   immer an dieser Stelle. Mein Vater und meine Mutter,
mein Großvater und meine Großmutter, meine Vettern, Ku-
sinen und Tanten, wir alle spielen an dieser Stelle. Wenn
du mich nicht tötest, will ich nie wieder in deinem Wald
spielen."

10   Der Löwe denkt: „Ein Löwe darf[29] keine kleinen Tiere
töten, er darf keine Maus töten." Dann sagt er: „Lauf,
kleine Maus, spiele weiter."

Einige Tage später geht der Löwe durch den Wald und
läuft in ein Netz.[30] Das Netz ist sehr stark, und der Löwe
15   kann nicht entkommen.[31] Er will das Netz zerbeißen,[32] aber
er kann es nicht.[33] Er brüllt[34] laut, und alle Tiere im Walde

---

[26] **stellen** place; *noun:* **die Stelle**.   [27] **wo** where.   [28] **fangen** catch.
[29] **dürfen** may, be permitted to, be allowed to.   [30] **das Netz** net.
[31] **entkommen** flee, escape.   [32] **zerbeißen** bite to pieces.   [33] **er kann es
nicht = er kann es nicht tun**.   [34] **brüllen** roar.

hören ihn brüllen. Auch die Maus hört ihn brüllen.
Schnell läuft die Maus auf das Feld zu ihren Vettern, Kusi-
nen und Tanten und sagt: „Der Löwe sitzt im Netz und
kann nicht entkommen. Wir wollen ihn frei[35] machen, wir
5 wollen ihm zeigen, daß[36] wir frei sind und daß eine freie
Maus stärker ist als ein Löwe im Netz."
Schnell laufen sie zurück in den Wald und zerbeißen das
Netz mit ihren scharfen Zähnen. Bald ist der Löwe wieder
frei, und nun versteht er, wie gut es ist, kleinen Tieren zu
10 helfen.

6. DER HUND AUS INDIEN[37]

Ein englischer Soldat[38] wohnt viele Jahre in Indien und
kommt dann zurück nach Hause. Er bringt seinen Hund
mit.[39] Als der Hund eines Tages[40] mit seinem Herrn[41] durch
den Park geht, trifft[42] er andere Hunde. Die Hunde spre-
15 chen miteinander,[43] und die englischen Hunde fragen, wie
es in Indien ist. Der Hund aus Indien sagt: „Die englischen
Hunde sind sehr schwach. In Indien gibt es[44] viel stärkere
Hunde. Sie fürchten sich nicht vor Tigern. Wenn sie einen
Tiger sehen, springen sie auf ihn und versuchen,[45] ihn zu
20 töten." —„Und können sie den Tiger töten?" fragen die anderen Hunde. —„Nun, das kann ich nicht sagen", ist die
Antwort, „aber ist es nicht wunderbar, daß diese Hunde
keine Angst[46] vor dem Tiger haben?"
Da lachen die englischen Hunde. „Warum lacht ihr?"
25 fragt der Hund aus Indien. „Ja", sagt der eine Hund, „vielleicht[47] sind deine Freunde stärker als wir, vielleicht nicht,
aber dieses ist klar:[48] sie sind sehr viel dümmer."

---

[35] frei free. [36] daß that. [37] Indien India. [38] der Solda't soldier. [39] mit
here along. [40] eines Tages one day. [41] der Herr *here* master. [42] treffen
meet. [43] eina'nder each other; miteinander with one another. [44] es
gibt there is, there are. [45] versuchen try. [46] die Angst fear; Angst haben
vor = sich fürchten vor. [47] vielleicht perhaps. [48] klar clear.

7. DER FUCHS UND DER RABE[49]

Ein Rabe findet ein Stück[50] Käse.[51] Er fliegt mit dem Stück Käse auf einen Baum, um es zu[52] fressen.[53] Ein Fuchs sieht ihn und denkt: „Ein wunderbares Stück Käse und ein dummer Rabe. Der Käse ist mein." Dann geht er unter den
5 Baum, um den Käse zu bekommen. Er ruft laut: „Rabe, du wunderbarer Vogel![54] Deine Federn[55] sind so schön wie der Morgen. Dein schöner Kopf ist schöner und klüger[56] als der Kopf aller anderen Tiere. Deine Stimme ist besser, lauter und schöner als die Stimme der Nachtigall.
10 Der Rabe freut sich über[57] die Worte des Fuchses. Er ist glücklich und will dem Fuchs seine schöne Stimme zeigen. Er beginnt zu schreien. Da fällt der Käse aus seinem Schnabel[58] zur Erde. Der Fuchs frißt das Stück Käse mit gutem Appetit und ruft dann: „Rabe, deine Federn sind
15 schwarz, dein Kopf ist leer, leer wie dein Schnabel ohne den Käse. Du bist der dümmste aller Vögel im ganzen Wald, der dümmste aller Vögel in der ganzen Welt.[59] Und deine Stimme? Du singst nicht wie die Nachtigall: du schreist wie alle Raben schreien. Auf Wiedersehen!"

8. DIE BIENE UND DER MENSCH

20 „Hast du unter[60] den Tieren bessere Freunde als uns?" fragt eine fleißige Biene den Menschen. „Natürlich[61] habe ich bessere Freunde als euch", antwortet der Mensch. „Und wer ist das?" fragt die fleißige Biene. „Das Schaf",[62] antwortet der Mensch. „Das Schaf ist nicht so fleißig wie du,
25 aber es gibt mir seine Wolle.[63] Ohne die Wolle des Schafes kann ich nicht leben; ohne deinen Honig lebe ich sehr gut.

---

[49] **der Rabe** raven. [50] **das Stück** piece. [51] **der Käse** cheese; **ein Stück Käse** a piece of cheese. [52] **um. . . zu** in order to. [53] **fressen** eat (*of animals*). [54] **der Vogel** bird. [55] **die Feder** feather. [56] **klug** wise. [57] **sich freuen über** be glad about. [58] **der Schnabel** bill, beak. [59] **die Welt** world. [60] **unter** *here* among. [61] **natü′rlich** of course. [62] **das Schaf** sheep. [63] **die Wolle** wool.

Auch gibt das Schaf mir seine Wolle, ohne mich zu beißen.[64] Wenn ich aber deinen Honig nehme, muß ich deinen Stachel[65] fürchten, denn dein Stachel ist scharf."

9. DIE BIENE UND DIE NACHTIGALL

Eine Biene fällt ins Wasser. Eine Nachtigall sitzt auf einem
5 Baum und sieht die Biene im Wasser. Sie sieht, daß die Biene ans Land schwimmen will. Sie nimmt ein Blatt vom Baum und läßt[66] das Blatt ins Wasser fallen. Die Biene setzt sich[67] auf das Blatt und kommt in wenigen Minuten glücklich ans Land.

10 Einige Tage später sitzt die Nachtigall wieder auf einem Baum. Ein Junge kommt, nimmt einen Stein[68] und will die Nachtigall mit dem Stein töten. Schnell setzt sich die Biene auf die Hand des Jungen. Der Junge fühlt den Stachel der Biene, schreit, läßt den Stein fallen, und die Nachtigall fliegt
15 weg.

10. DIE GRILLE[69] UND DIE AMEISE[70]

Eine Ameise bringt im Sommer viel Korn[71] in ihr Haus, denn sie will auch im Winter essen. An einem schönen Wintertag trägt sie das Korn aus dem Haus und legt es in die Sonne. Da kommt eine Grille zu ihr und sagt: „Ich bin hungrig.
20 Gib mir ein wenig von deinem Korn. Ich sterbe vor[72] Hunger, wenn ich nicht esse." Die Ameise ist erstaunt[73] und fragt die Grille: „Bist du krank, liebe Freundin?" —„Nein", antwortet die Grille, „ich bin nicht krank, ich bin gesund und stark". Nun ist die Ameise noch erstaunter und
25 sagt: „Du bist nicht krank, du bist gesund und stark und

---

[64] **ohne mich zu beißen** without biting me. [65] **der Stachel** sting. [66] **lassen** let, cause to; **fallen lassen** drop (let fall). [67] **setzen** set; **sich setzen** sit down. [68] **der Stein** stone. [69] **die Grille** cricket. [70] **die Ameise** ant. [71] **das Korn** grain. [72] **sterben vor** die of (from). [73] **erstaunt** astonished.

stirbst vor Hunger? Arbeitest du nicht? Was tust du im
Sommer?" —„Im Sommer habe ich keine Zeit zu arbeiten.
Im Sommer muß ich singen." —„ Im Sommer mußt du
singen?" lacht die Ameise; „nun, dann mußt du im Winter
5 tanzen. Tanze also!"

11. DIE DURSTIGE KRÄHE[74]

Eine Krähe hat großen Durst,[75] sie ist sehr durstig. Sie will
trinken. Sie findet eine Flasche[76] mit Wasser. Sie versucht
zu trinken, aber ihr Schnabel ist viel zu kurz. Nun versucht
sie, die Flasche auf die Erde zu legen, aber sie kann es nicht,
10 denn die Flasche ist zu schwer. „Was kann ich tun?" denkt
die Krähe. „Ich muß trinken, oder ich sterbe vor Durst.
Mein Schnabel ist zu kurz. Aber trinken muß ich." Immer
wieder[77] versucht die Krähe zu trinken. Endlich[78] sieht sie
einen kleinen Stein. Sie läßt den Stein in die Flasche
15 fallen. Das Wasser steigt[79] ein wenig höher. Sie sucht[80]
und sucht und findet viele kleine Steine und läßt die Steine
alle in die Flasche fallen. Das Wasser steigt immer höher.
Endlich ist ihr Schnabel nicht mehr zu kurz. Sie kann
trinken, soviel wie sie will.

12. DIE KATZE UND DIE MAUS

20 In einem Haus leben eine Katze und eine Maus. Die Katze
hat ihr Bett im Keller, die Maus wohnt hinter der Küchen-
wand. Wenn die Maus Hunger hat, kommt sie durch ein
kleines Loch[81] in der Wand in die Küche. Dort findet sie
immer etwas Gutes[82] zu essen: Käse, Brot oder Fleisch. Die
25 Katze sieht das gar nicht[83] gern. Seit Wochen[84] versucht sie
die kleine Maus zu fressen, aber sie kann sie nicht fangen.

---

[74] **die Krähe** crow. [75] **der Durst** thirst; **durstig** thirsty. [76] **die Flasche**
bottle. [77] **immer wieder** again and again. [78] **endlich** finally. [79] **steigen**
rise; climb. [80] **suchen** seek, look for. [81] **das Loch** hole. [82] **etwas** something; **etwas Gutes** something good. [83] **gar nicht** not at all. [84] **seit** since;
seit Wochen for weeks.

Die Maus   Sie läuft von einer Wand an die
andere, v   r anderen und entkommt dann
schnell du   nn lacht sie über die Katze und
sagt: „Du   tze, weißt du nicht, daß du mich
5 nie fangen   zu langsam und zu groß, und das
Loch in de   no   in für dich. Auf Wiedersehen!"
    Die Katz   uf[85] die kleine Maus. „Warte
nur", denk   :h werde ich bald fangen und
fressen. I   dumm, wie du glaubst.[86] Ich
10 weiß sehr   :um Beispiel, daß du sehr gern
Käse ißt, u   e wunderbare Idee." Schnell
läuft die Katze zum Küchentisch und holt[87] ein Stück Käse.
Sie trägt es zu dem Loch in der Wand und läßt es vor dem
Loch fallen. Nun setzt sie sich neben das Loch und wartet.
15 Die Maus sitzt in ihrem Loch und riecht den Käse. Er riecht
wunderbar, aber die Maus fürchtet, daß die Katze auf sie
wartet, und so bleibt[88] sie im Loch. Auf einmal[89] hört sie
einen Hund bellen.[90] Das Bellen kommt aus der Küche.
    „Jetzt kann ich den Käse bekommen", denkt die Maus,
20 „denn jede kluge Maus weiß, daß Katzen sich vor Hunden
fürchten. Wenn der Hund in der Küche ist, dann ist die
Katze nicht da." Als die Maus aber aus dem Loch kommt,
um den Käse zu holen, fängt die Katze sie und will sie auffressen.[91] Die Maus ist sehr erstaunt und schreit: „Wo ist
25 der Hund? Warum bist du in der Küche, wenn der Hund
bellt?" „Welcher Hund?" antwortet die Katze, „du dumme,
kleine Maus, weißt du nicht, daß ich nicht nur miauen kann,
sondern daß ich auch bellen kann wie ein Hund? Jede
kluge Katze spricht eine Fremdsprache."[92]

13. DER FROSCH UND DIE MAUS

30 Eine Maus will über einen Teich schwimmen. Sie bittet
einen Frosch, ihr zu helfen. Der Frosch antwortet: „Ich

---

[85] **böse auf** angry at. [86] **glauben** believe. [87] **holen** (go and) get.
[88] **bleiben** stay, remain. [89] **auf einmal** suddenly, all at once. [90] **bellen**
bark. [91] **auffressen** eat up. [92] **fremd** foreign; **die Fremdsprache** foreign
language.

helfe dir gerne, ich helfe dir sehr gerne, kleine Maus, ich
helfe allen Mäusen gerne. Binde[93] deinen Fuß an meinen
Fuß. Dann springe ich ins Wasser und bringe dich an die
andere Seite des Teiches. Die andere Seite ist gar nicht
5 weit."

Die Maus tut, was der Frosch sagt, und bindet ihren Fuß
an den Fuß des Frosches. Der Frosch springt ins Wasser
und schwimmt. In der Mitte des Teiches denkt der böse
Frosch: „Süße kleine Maus, du mußt sterben." Dann ver-
10 sucht er, die Maus unter das Wasser zu ziehen.[94] Er zieht so
stark, wie er kann. Aber hoch oben[95] in der Luft fliegt ein
großer Vogel. Er sieht den bösen Frosch und die arme
kleine Maus. Er fliegt schnell herab[96] und frißt beide.[97]

14. DER HUND UND DAS FLEISCH

Ein Hund geht in die Küche und nimmt ein Stück Fleisch.
15 Schnell läuft er durch den Garten, über das Feld, und endlich kommt er an einen Fluß.[98]

Da sieht er auf einmal im Wasser sein eigenes[99] Bild. Er
sieht einen Hund mit einem Stück Fleisch zwischen den
Zähnen. Er sieht sein eigenes Stück Fleisch in seinem
20 eigenen Mund. „Wunderbar", denkt er. „Hier ist noch
ein[100] Stück Fleisch, und dieses Stück ist besser und größer
als meines. Nun habe ich beide Stücke." Er springt in den
Fluß, um das Fleisch zu holen. Aber das Fleisch fällt ins
Wasser, und er kommt hungrig und kalt nach Hause zurück.
25 So geht's, wenn man mehr will, als man braucht.

15. DER FUCHS UND DAS SCHAF

Ein Fuchs und ein Schaf haben großen Durst. Sie kommen
an einen Brunnen, und beide springen hinab,[101] um zu
trinken. Bald sind sie nicht mehr durstig.

---

[93] **binden** tie.   [94] **ziehen** pull, drag.   [95] **oben** up.   [96] **hera'b** down;
herabfliegen fly down.   [97] **beide** both; the two.   [98] **der Fluß** river.
[99] **eigen** own.   [100] **noch ein** another.   [101] **hin** to (*away from the speaker*);
her to (*toward the speaker*); **ab** away, off, down; **hina'b** down (*away
from the speaker*); **herab** down (*toward the speaker*).

„Wie kommen wir nun aus dem Brunnen hinaus?"[102] fragt
das Schaf.   „Das ist sehr leicht", antwortet der Fuchs.
„Stell dich an die Mauer[103] des Brunnens.   Ich springe dann
auf deinen Rücken, von deinem Rücken springe ich auf
5   deinen Kopf und von deinem Kopf hinaus auf die Erde.
Dann gebe ich dir die Hand und ziehe dich aus dem
Brunnen heraus."

Das Schaf stellt sich an die Mauer des Brunnens.   Der
Fuchs springt auf seinen Rücken, von seinem Rücken
10   springt er auf den Kopf und von dem Kopf hinaus auf die
Erde.   „Nun gib mir deine Hand und zieh mich aus dem
Brunnen heraus", ruft das Schaf.   „Jeder für sich selbst,
Gott[104] für uns alle!" ruft der Fuchs und läuft weg.

16.   DER FUCHS UND DER STORCH

Der Fuchs sagt zu dem Storch:
15   „Besuch[105] mich einmal.   Komm heute
zum Abendessen in den Wald.   Ich
habe etwas Gutes zu essen.   Du weißt,
wo ich wohne."   Der Storch antwortet:
„Du hast heute abend etwas Gutes zu
20   essen?   Ich besuche dich gerne."

Am Abend geht der Storch in den
Wald, um den Fuchs zu besuchen.
Der Fuchs empfängt[106] ihn sehr
freundlich und sagt: „Du kommst
25   früh,[107] du kommst sehr früh, aber das
ist gut, denn ich habe großen Hunger.
Du auch?"—„Ja", sagt der Storch,
„ich sterbe vor Hunger.   Nun zeig mir,
was wir essen.   Was gibt es heute?"
30   —„Heute essen wir Suppe,[108] wunderbare Suppe.   Warte nicht!   Beginne!
Fang an!   Guten Appetit!"[109]

---

[102] **aus dem Brunnen hinau's (herau's)** out of the well.   [103] **die Mauer** wall.
[104] **Gott** (*masc.*) God.   [105] **besuchen** visit.   [106] **empfangen** receive.   [107] **früh**
early.   [108] **die Suppe** soup.   [109] **Guten Appetit!** enjoy your meal!

Aber die Suppe ist ganz dünn und auf einem großen, flachen[110] Teller.[111] „Dünne Suppe auf einem flachen Teller?" denkt der arme Storch. „Ich bin krank vor Hunger und muß hungrig wieder nach Hause gehen. Ein Fuchs wird älter,
5 aber nicht besser."

„Warum ißt du nicht, lieber Freund? Warum stehst du auf einem deiner dünnen Beine? Iß! Ich wünsche[112] dir guten Appetit!"

„Danke, lieber[113] Freund", antwortet der Storch, „du hast
10 nur Suppe. Ich aber habe zu Hause zwei schöne, fette[114] Frösche. Diese warten schon[115] auf mich. Die werde ich fressen. Aber nun mußt du mich besuchen. Komm morgen abend zu mir zum Abendessen. Auch ich habe viel Gutes zu essen. Du weißt, wo ich wohne. Danke, und auf Wie-
15 dersehen!"

Am nächsten Abend besucht der Fuchs den Storch. „Guten Abend", sagt der Storch und empfängt den Fuchs sehr freundlich. „Du kommst früh, sehr früh", sagt der Storch, „aber das ist gut, denn ich habe großen Hunger. Du
20 auch?" —„Ja", sagt der Fuchs, „ich sterbe vor Hunger. Zeig mir, was wir essen!"

„Heute gibt es Fisch, Fleisch und viele andere gute Dinge.[116] Beginne! Fang an! Warte nicht! Ich wünsche dir guten Appetit!"

25 Aber der Fisch, das Fleisch und alle die guten Dinge sind in einer Flasche. „So viele gute Dinge in einer Flasche!" denkt der Fuchs. „Ich sterbe vor Hunger und muß hungrig wieder nach Hause gehen. Ein Storch wird älter, aber nicht besser."

30 „Warum ißt du nicht, lieber Freund?" fragt der Storch. „Warum stehst du auf drei Beinen? Iß! Ich wünsche dir guten Appetit!"

„Danke, lieber Freund", antwortet der Fuchs, „du hast nur Fisch und Fleisch. Ich aber habe zu Hause zwei
35 schöne, fette Hennen. Die warten schon auf mich. Die werde ich essen. Danke, und auf Wiedersehen!"

---

[110] **flach** flat, shallow.   [111] **der Teller** plate.   [112] **wünschen** wish.   [113] **lieb** dear.   [114] **fett** fat.   [115] **schon** already.   [116] **das Ding** thing.

17. DER WOLF UND DER HUND

Ein hungriger Wolf kommt zu einem alten Hund und sagt:
„Guter Freund, ich kann vor Hunger nicht schlafen.[117] Du
aber bist dick und fett. Wo bekommst du dein Essen? Wo
wohnst du? Wo ißt du?"
5   „Ich arbeite für meinen Herrn", antwortet der Hund.
„Ich diene[118] meinem Herrn, ich bewache[119] das Haus
meines Herrn. Darum[120] gibt mein Herr mir so viel zu
essen, wie ich wünsche."
Da sagt der Wolf: „Ich lebe sehr schlecht. Tag und Nacht
10   laufe ich durch Wald und Feld und finde nichts zu essen für
meine Frau und meine Kinder. Ich kann nicht länger so
leben. Meine Frau und Kinder sterben vor Hunger.
Darum will auch ich den Menschen dienen und ihre Häuser
bewachen."
15   Der Hund und der Wolf laufen zusammen durch den Wald
zu dem Haus des Hundes. Auf einmal sieht der Wolf den
Hals des Hundes. Er ist erstaunt und sagt: „Ich sehe, dein
Hals ist ohne Haar. Haben alle Hunde Hälse ohne Haar?"
„Nein", antwortet der Hund. „Nicht alle Hunde. Ich
20   trage am Tag eine Kette.[121] Während[122] des Tages liege ich
an einer Kette vor dem Haus meines Herrn. Eine Kette ist
aus Eisen,[123] und Eisen ist hart. Darum habe ich kein Haar
an meinem Hals. Aber bei Nacht bin ich frei. Während der
Nacht laufe ich, wohin ich wünsche."
25   „Lieber Bruder", sagt der Wolf zu dem Hund, „der
Hunger ist hart, aber die Kette ist härter. Ich trage keine
Kette und werde nie eine tragen. Lieber sterbe ich mit
meiner Frau und meinen Kindern von Hunger. Lauf allein
zurück zu deinem Herrn. Es ist besser, hungrig zu sein als
30   fett; es ist besser, frei zu sein, als eine Kette zu tragen."

---

[117] **ich kann vor Hunger nicht schlafen** I am so hungry that I cannot sleep.
[118] **dienen** serve. [119] **bewachen** watch, guard. [120] **darum** therefore.
[121] **die Kette** chain. [122] **während** during, while. [123] **das Eisen** iron.

EXERCISES

1–3

A. *Answer the following questions with* **ja** *or* **nein.**

1. Will der Frosch so groß werden wie der Löwe?
2. Wird der Frosch so groß und schön wie der Löwe?
3. Geht der Löwe mit dem Esel auf den Berg?
4. Hat der Esel eine laute Stimme?
5. Fürchtet sich der Elefant, wenn eine Maus schreit?
6. Hat jedes Tier seine Fehler?

B. *Answer the following questions.*

1. Wen sieht der Frosch?
2. Was denkt der Frosch?
3. Wie groß bläst sich der Frosch auf?
4. Wohin geht der Löwe mit dem Esel?
5. Was tut der Esel auf dem Berg?
6. Was sagt der Löwe zuletzt [*finally*] zu dem Esel?
7. Mit wem geht ein Hase durch den Wald?
8. Wann fürchtet sich der Löwe?
9. Wann fürchtet sich der Elefant?
10. Vor wem fürchtet sich der Hase?

4–5

A. *Answer the following questions with* **ja** *or* **nein.**

1. Ist der Löwe hungrig?
2. Teilt der Esel die Tiere in zwei gleiche Teile?
3. Liegt die kleine Maus im Wald und schläft?
4. Zerbeißt der Löwe das Netz?

B. *Answer the following questions.*

1. Welche Tiere gehen zusammen durch den Wald?
2. Was sagt der Löwe zu dem Esel?
3. Wie teilt der Fuchs?
4. Wo spielt die Maus?
5. Was tut der Löwe mit der Maus?
6. Wie helfen die Mäuse dem Löwen?

6–7

A. *Answer the following questions with* **ja** *or* **nein.**

1. Kommt der englische Soldat allein nach Hause zurück?
2. Fürchten sich die Hunde aus Indien vor dem Tiger?
3. Frißt der Rabe den Käse?
4. Singt der Rabe wie eine Nachtigall?

B. *Answer the following questions.*

1. Wo wohnt der englische Soldat viele Jahre?
2. Was sagt der Hund des Soldaten zu den englischen Hunden?
3. Was tun die Hunde aus Indien, wenn sie einen Tiger sehen?
4. Wohin fliegt der Rabe mit dem Käse?
5. Worüber freut sich der Rabe?
6. Wer frißt das Stück Käse?

8–11

A. *Answer the following questions with* **ja** *or* **nein.**

1. Gibt das Schaf dem Menschen Honig?
2. Setzt sich die Biene auf einen Stein?
3. Stirbt die Ameise vor Hunger?
4. Muß die Krähe vor Durst sterben?

B. *Answer the following questions.*

1. Warum ist das Schaf ein sehr guter Freund des Menschen?
2. Wer will die Nachtigall töten?
3. Wie hilft die Biene der Nachtigall?
4. Was sagt die Grille zu der Ameise?
5. Was läßt die Krähe in die Flasche fallen?

12–14

A. *Answer the following questions with* **ja** *or* **nein.**

1. Wohnt die Maus in der Küche?
2. Hört die Maus die Katze miauen?
3. Bringt die Maus den Frosch an die andere Seite des Teiches?
4. Ißt der Hund sein Stück Fleisch?

B. *Answer the following questions.*

1. Was tut die Maus, wenn sie Hunger hat?
2. Was versucht die Katze seit Wochen?
3. Was sagt die Katze zuletzt zu der Maus?
4. Was tut der Vogel, als er den Frosch und die Maus sieht?
5. Was für ein Bild sieht der Hund im Wasser?

15–17

A. *Answer the following questions with* **ja** *or* **nein.**

1. Springt das Schaf aus dem Brunnen hinaus?
2. Ißt ein Storch gern Suppe?
3. Ißt der Fuchs den Fisch und das Fleisch?
4. Trägt der Wolf eine Kette?

B. *Answer the following questions.*

1. Wie kommt der Fuchs aus dem Brunnen heraus?
2. Wie empfängt der Fuchs den Storch?
3. Warum kann der Storch die Suppe nicht essen?
4. Warum hat der Hund kein Haar an seinem Hals?
5. Warum will der Wolf zuletzt nicht den Menschen dienen?

18. DIE STADTMAUS UND DIE FELDMAUS

Eine Stadtmaus geht an einem schönen Morgen über ein Feld. Dort trifft sie eine arme kleine Feldmaus und sagt zu ihr: „Was für eine[1] Maus bist du?" —„Was für eine Maus ich bin?" antwortet die kleine Feldmaus sehr erstaunt.
5 „Jedes Kind trifft mich und kennt[2] mich, und du kennst mich nicht? Ich bin eine Feldmaus!"

„Gut, daß ich dich treffe und daß ich dich jetzt[3] kenne. Aber warum bist du eine Feldmaus? Warum wohnst du auf dem Feld und nicht in der Stadt? Ich wohne in einem wun-
10 derbaren Haus in der Stadt. Das Haus gehört[4] mir, die Küche gehört mir, und alle Milch und alles Brot in der Küche

---

[1] **was für ein** what sort (kind) of (a). [2] **kennen** know, be acquainted with. [3] **jetzt = nun** now. [4] **gehören** belong.

gehört mir. Komm mit mir. Wir wollen gute Freunde
sein."

Die Feldmaus folgt[5] ihrer neuen Freundin in ein schönes,
großes Haus in der Stadt. Sie folgt der Stadtmaus in die

5 Küche und findet dort Brot und Milch genug für viele Tage.
„Nun iß und sei froh,[6] denn Brot und Milch essen und
trinken wir von jetzt an[7] jeden Tag; nimm! Das Haus gehört
dir."

In diesem Augenblick[8] kommt ein Kind in die Küche. Die

10 Mäuse fürchten sich und laufen weg. Die Stadtmaus kennt
das Haus und findet sofort[9] ihr Loch in einer Wand der
Küche. Die arme Feldmaus aber kennt die Küche nicht.
Sie kann ihrer Freundin nicht folgen. Sie läuft von der
einen Wand zur anderen Wand, von der einen Ecke in die

15 andere.

„Jetzt muß ich sterben", denkt sie. Aber das Kind fürchtet
sich auch. Es schreit laut und läuft aus der Küche.

Im nächsten Augenblick kommt die Stadtmaus wieder aus
ihrem Loch heraus und sagt: „Jetzt essen wir weiter. Iß und

20 sei froh. Das Kind kommt nicht zurück, denn es fürchtet sich
vor mir."

„Das Kind fürchtet sich vor dir?" antwortet die Feldmaus.
„Warum läufst du denn sofort in dein Loch, wenn es sich vor
dir fürchtet? Nein, liebe Freundin, du bleibst in deinem

25 Loch. Ich aber gehe jetzt sofort zurück auf mein Feld und
bleibe dort. Mir gehört das ganze Feld; dir gehört nichts als
ein kleines Loch in der Wand."

---

[5] **folgen** follow. [6] **froh** glad. [7] **von jetzt an** from now on. [8] **der
Augenblick** moment. [9] **sofo'rt** at once, immediately.

19. DER FUCHS UND DIE KATZE

Eine Katze jagt[10] auf einem Feld nach Feldmäusen. Sie jagt schon den ganzen Morgen,[11] fängt aber nichts. Da trifft sie einen Fuchs. Sie trifft ihn zum ersten Mal[12] und denkt: „Gut, daß ich ihn endlich einmal treffe, denn der Fuchs ist
5 ein kluges Tier und hat einen guten Namen in dieser Welt." Darum ruft sie: „Guten Tag, Herr Fuchs! Was gibt es Gutes und Neues in dieser schlechten Welt? Ich jage nach Feldmäusen; ich jage schon den ganzen Morgen, fange aber gar nichts."
10 Der Fuchs sieht die Katze und weiß nicht, ob[13] er mit ihr sprechen soll oder nicht. Endlich sagt er: „Du Esel, du armer Mäusefresser, was kommt dir in den Kopf?[14] Warum fragst du mich? Was weißt du? Was verstehst du?"

„Ich verstehe nicht viel", antwortet die Katze; „ich ver-
15 stehe nur eine Kunst,[15] aber diese eine Kunst verstehe ich gut."

„Was für eine Kunst verstehst du denn?" fragt der Fuchs.

„Wenn ein Jäger[16] mit seinen Hunden mich fangen will, kann ich in einem Augenblick auf einen Baum springen",
20 antwortet die Katze, „und das ist eine große Kunst".

„Ist das alles?" antwortet der Fuchs. „Ich verstehe tausend Künste und noch viel mehr. Komm mit mir. Ich will dir zeigen, wie du laufen mußt, wenn der Jäger mit seinen Hunden dich fangen will."

25 Auf einmal kommt ein Jäger mit vielen Hunden über das Feld. Die Katze springt schnell auf einen Baum. Der Jäger und die Hunde können ihr nicht folgen und sie nicht fangen. „Deine tausend Künste, kluger Fuchs", ruft sie vom Baum herab,[17] „denk an[18] deine tausend Künste!" Aber schon ist
30 es zu spät. Die Hunde des Jägers fangen den Fuchs. Sie nehmen ihn in ihre scharfen Zähne und beißen ihn tot.

---

[10] **jagen** hunt. [11] **sie jagt. . . Morgen** she has been hunting all morning. [12] **zum ersten Mal** for the first time. [13] **ob** whether. [14] **was kommt dir in den Kopf?** what are you thinking about (of)? [15] **die Kunst** art. [16] **der Jäger** Hunter. [17] **vom Baum herab** down from the tree. [18] **denken an** think of.

20.   DER WOLF UND DER FUCHS

Der Wolf und der Fuchs gehen miteinander durch den Wald.
Da sagt der Wolf: „Rotfuchs, gib mir etwas zu fressen, oder
ich fresse dich!" Der Fuchs antwortet: „Ich kenne einen
Bauern,[19] und dieser Bauer hat zwei Schafe in seinem Garten.
5   Wenn du willst, holen wir uns eins." —„O ja", sagt der
Wolf, „das ist mir recht".[20]
   Sie gehen also miteinander zu dem Garten des Bauern.
Der Fuchs geht leise[21] und langsam um den Garten und holt
endlich eines der beiden Schafe. Er bringt es dem Wolf und
10   sagt: „Hier hast du etwas zu fressen" und läuft weg.

   Der Wolf frißt das Schaf, aber er ist noch hungrig, denn ein
Wolf ist immer hungrig. Er geht zurück in den Garten und
will das andere der beiden Schafe auch holen. Das andere
fängt aber an zu schreien. Die Bauern des Dorfes[22] kommen
15   mit schweren Stöcken[23] und schlagen den Wolf so weich wie
Butter.
   Am nächsten Tag gehen der Wolf und der Fuchs wieder
miteinander durch den Wald. Da sagt der hungrige Wolf
wieder: „Rotfuchs, gib mir etwas zu fressen, oder ich fresse
20   dich!" Der Fuchs antwortet: „Ich kenne ein Bauernhaus, da
bäckt[24] die Bäuerin jeden Abend Pfannkuchen,[25] und die
Frau ist eine gute Bäckerin. Wenn du willst, können wir
uns einige Pfannkuchen holen." —„Ja, das ist mir recht",

---

[19] **der Bauer** farmer; **die Bäuerin** farmer's wife.   [20] **recht** right; **das ist
mir recht** that suits me.   [21] **leise** soft(ly); gentle, gently.   [22] **das Dorf** village.   [23] **der Stock** stick, cane.   [24] **backen** bake; **der Bäcker** baker (*masc.*);
die Bäckerin baker (*fem.*).   [25] **der Pfannkuchen** pancake.

sagt der Wolf, und beide laufen nun miteinander zu dem
Bauernhaus.

Der Wolf läuft in die Küche, frißt die guten Pfannkuchen
schnell auf und ist immer noch[26] hungrig. Er läuft wieder in
5 die Küche und versucht, noch einige Pfannkuchen zu
nehmen. Aber der Teller fällt vom Tisch herab auf die
Erde. Die Bäuerin kommt und ruft ihren Mann. Der Mann
ruft die Bauern des Dorfes, und die Bauern kommen mit
schweren Stöcken aus dem Dorf und schlagen den Wolf
10 butterweich.

Am nächsten Tag gehen der Wolf und der Fuchs wieder
miteinander durch den Wald. Da sagt der Wolf zu dem
Fuchs: „Rotfuchs, gib mir etwas zu fressen, oder ich fresse
dich!" Der Fuchs antwortet: „Ich kenne einen reichen
15 Bauern. Dieser Bauer hat viel gutes Fleisch im Keller.
Wenn du willst, können wir in den Keller gehen und fressen,
so viel wie wir wollen." —„Ja, das ist mir recht!" sagt der
Wolf, und beide gehen miteinander zu dem Haus des
Bauern.

20 Der Fuchs zeigt dem Wolf den Weg[27] in den Keller. Da ist
nun mehr Fleisch, als beide in einer Woche fressen können.
Der Wolf frißt schnell und viel. Er wird immer dicker und
immer runder. Der Fuchs frißt auch, aber von Zeit zu Zeit
läuft er an das Kellerloch und springt aus dem Keller in den
25 Garten. Er will sehen, ob er noch durch das Loch springen
kann. Der Wolf fragt: „Warum springst du immer wieder
hin und her?"[28] —„Ich will sehen, ob jemand kommt", antwortet der Fuchs, „darum springe ich immer wieder hin
und her." —„Niemand[29] kommt; niemand kommt, bis ich
30 fertig[30] bin, und ich bin nicht fertig, bis kein Fleisch mehr da
ist."

Aber der Bauer hört den Fuchs hin und her springen und
kommt in den Keller. Der Fuchs springt schnell aus dem
Kellerloch in den Garten und entkommt. Dann versucht der
35 Wolf, durch das Loch zu springen. Zu spät!

Er ist zu dick und fett. Die Bauern des Dorfes kommen,

---

[26] **immer noch** still.   [27] **der Weg** way, path.   [28] **hin und her** back and
forth.   [29] **niemand** nobody, no one.   [30] **fertig** ready, done, finished.

und am Ende[31] stirbt der Wolf unter den schweren Stöcken
der Bauern und den scharfen Zähnen der Hunde.

Niemand aber freut sich mehr als der Fuchs, denn der
Wolf kann nicht mehr zu ihm sagen: „Rotfuchs, gib mir
5 etwas zu fressen, oder ich fresse dich!"

21. DER HASE UND DER FUCHS

Ein Hase und ein Fuchs gehen miteinander auf eine Reise.[32]
Sie reisen zusammen durch Dörfer, Wälder und Felder. Es
ist Winter. Es friert,[33] es ist eiskalt. Hoher Schnee liegt auf
der Erde und auf den Bäumen. „Das ist ein hungriges
10 Wetter", sagt der Fuchs zu dem Hasen. „Wenn wir nicht
bald etwas zu essen bekommen, fresse ich Eis und Schnee."

—„Ein böses Wetter ist es", antwortet der Hase, „ein Hun-
dewetter! Wenn wir nicht bald etwas zu essen bekommen,
fresse ich meine eigenen Ohren." So laufen sie zusammen
15 über das Feld.

Da sehen sie auf einmal weit weg ein Bauernmädchen.
Das Mädchen trägt einen Korb[34] auf dem Kopf. Der Fuchs
hat eine gute Nase und sagt: „Hase, meine Nase sagt mir
etwas." —„Was sagt dir denn deine Nase?" fragt der Hase.
20 „Du dummes Langohr, riechst du denn nichts?" fragt der
Fuchs. „Ja, jetzt rieche ich etwas. Ich rieche Brot. Ich
rieche schönes, frisches Brot." —„Du hast recht",[35] sagt der
Fuchs, „das gute Bauernmädchen bringt uns frisches Brot.
Welch ein gutes Mädchen!"

25 „Uns?" fragt der Hase. „Wie können wir das Brot denn
bekommen?" —„Das verstehst du nicht, du dummes
Langohr, aber es ist sehr leicht. Du legst dich auf die Erde
wie tot.[36] Dann kommt das freundliche Mädchen, um dich
zu holen, denn dein Pelz[37] ist nicht schlecht. Sie stellt ihren
30 Korb auf den Schnee, und ich nehme dann den Korb mit dem
Brot und laufe, so schnell ich kann.[38] Verstehst du nun, du
dummes Langohr?"

---

[31] **am Ende** in the end, finally. [32] **die Reise** journey, trip; **reisen** travel.
[33] **frieren** freeze. [34] **der Korb** basket. [35] **recht haben** be right. [36] **wie tot**
as if (though) dead. [37] **der Pelz** fur, pelt. [38] **so schnell ich kann** = **so
schnell wie ich kann.**

Der Hase tut, was der Fuchs sagt. Er legt sich auf die
Erde wie tot. Der Fuchs wartet hinter einem Baum. Das
Mädchen kommt, sieht den schönen Hasen auf der Erde
liegen und denkt: „Was für ein schöner Pelz! Was für
5 schöne Handschuhe[39] werde ich aus dem Pelz machen."
Sie stellt den Brotkorb auf den Schnee und will das Häschen aufheben.[40] Aber in diesem Augenblick kommt der
Fuchs, nimmt den Korb und läuft, so schnell er kann. Der
Hase springt auf und folgt dem Fuchs.
10 Der Fuchs will aber das Brot allein fressen. Er will es
nicht mit dem Hasen teilen. Er versucht, schneller zu
laufen als der Hase, aber der Hase läuft schneller als er.
Auch kennt der Hase den Fuchs. Er denkt: „Ein Fuchs
wird älter, aber nicht besser." Der Hase ist böse. Endlich
15 kommen sie an einen Teich. Der Hase ruft: „Halt![41] Bleib
stehen!"[42] Sie bleiben stehen, und der Fuchs öffnet[43] den
Korb.
„Warte", sagt der Hase, „wollen wir nicht einige Fische
mit dem Brot essen? Welch ein wunderbares Essen!
20 Frisches Brot und Fisch! Ein Essen für Könige."
„Fisch mit frischem Brot ist nicht schlecht, das ist wahr.
Aber wie bekommen wir die Fische? Kannst du fischen?"
„Nein, ich nicht, aber du kannst fischen, Fuchs. Ich verstehe nichts, du verstehst alles, auch das Fischen. Hänge
25 deinen Schwanz[44] in das Wasser dieses Teiches. Bald
kommen die Fische und beißen. Wenn einer beißt, ziehst
du den Schwanz heraus, und schon haben wir den schönsten
Fisch. Schnell, hänge den Schwanz ins Wasser und halte
still. Es friert schon!"
30 Der Fuchs geht an den Teich und hängt seinen Schwanz
ins Wasser. Nach einigen Minuten aber hängt der Schwanz
nicht mehr im Wasser, sondern im Eis, denn es friert sehr
stark. Der Fuchs sitzt im Eis. Das Eis hält ihn fest,[45] sehr
fest.

---

[39] **der Handschuh** glove. [40] **heben** lift; **aufheben** pick up. [41] **halten** hold,
keep; **halt!** halt! stop! [42] **stehen bleiben** stop. [43] **öffnen** open. [44] **der
Schwanz** tail. [45] **fest** tight(ly), firm(ly).

Der Hase öffnet den Korb, frißt das Brot von den Augen
des Fuchses und sagt dann: „Kluger Fuchs, nun mußt du
warten, bis es wärmer wird.   Im schönen Monat Mai wird es
wärmer, und dann sehen wir uns wieder."

22. DER ALTE WOLF

5   Der Wolf ist alt und will von jetzt an ein Freund des Menschen sein.   Er geht zu einem Schäfer[46] und spricht: „Schäfer,
du nennst[47] mich einen Dieb.[48]   Alle Menschen nennen
mich einen Dieb, ohne mich zu kennen.   Ich bin gar kein
Dieb.   Ich fresse von Zeit zu Zeit ein Schaf deiner Herde,[49]
10   das ist wahr.   Aber ich muß fressen, wenn ich hungrig bin.
Gib mir genug zu fressen, und du wirst sehen, daß ich
zahm[50] bin wie ein Lamm, wenn ich genug habe.   Versuche
es mit mir, Schäfer."

„Zahm wie ein Lamm bist du?" antwortet der Schäfer.
15   „Vielleicht bist du nach dem Essen zahm, vielleicht bist du
zahm, wenn du genug hast.   Aber wann[51] hast du genug?
Ein Wolf hat nie genug!   Geh, mach dich auf den Weg!"[52]

Der Wolf kommt zum zweiten Schäfer.   „Du weißt,
Schäfer", beginnt er, „ich kann während des Jahres viele
20   Schafe deiner Herde töten.   Gib mir von nun an jedes Jahr
nur sechs Schafe, und ich habe genug.   Gib mir nur sechs
Schafe, und du kannst alle deine Hunde gehen lassen[53] und
ruhig[54] schlafen."

„Sechs Schafe", ruft der Schäfer, „das ist ja[55] eine ganze
25   Herde!"

„Nun, dann will ich mit fünf zufrieden[56] sein."

„Mehr als fünf tote Schafe habe ich im ganzen Jahr nicht."

„Nicht einmal[57] fünf?   Dann will ich mit vier zufrieden
sein."

---

[46] **der Schäfer** shepherd.   [47] **nennen** call, name.   [48] **der Dieb** thief.   [49] **die
Herde** herd, flock.   [50] **zahm** tame.   [51] **wann** when.   [52] **mach dich auf den
Weg** be on your way.   [53] **gehen lassen** dismiss, let go, permit (allow) to
go.   [54] **ruhig** quiet(ly).   [55] **das ist ja** why, that is.   [56] **zufrie′den** satisfied.
[57] **nicht einmal** not even.

„Nicht einmal vier", lacht der Schäfer.

„Drei? Zwei?" bittet der Wolf.

„Nicht einmal ein Schaf", ruft der Schäfer. „Ich brauche dich nicht. Wer braucht einen alten Wolf? Ich schlafe
5 ruhig ohne dich. Du bist alt und schwach, meine Hunde aber sind jung und stark, und ich bin mit ihnen zufrieden. Warum soll[58] ich dir auch nur ein Haar[59] eines Schafes geben? Nein, alter Freund, so dumm bin ich nicht. Geh, mach dich auf den Weg!"

10 „Ich muß weiter versuchen", denkt der Wolf und kommt zu einem dritten Schäfer. „Schäfer", beginnt er, „du tust mir nicht recht, du tust mir unrecht.[60] Ich will dir zeigen, wie unrecht du mir tust. Siehst du jenen[61] Wald? In jenem Wald wohne ich allein. Gib mir jedes Jahr nur ein Schaf,
15 und du brauchst keine Hunde mehr. Du kannst alle deine Hunde gehen lassen und während des ganzen Jahres ruhig schlafen. Nur ein Schaf. Nur eins. Wie wenig ist doch[62] ein Schaf! Kann jemand weniger fressen als ein Schaf? Du lachst? Warum lachst du denn, Schäfer?"

20 „Wie alt bist du, guter Freund?" fragt der Schäfer. „Ich bin gar nicht alt", antwortet der Wolf. „Ich bin noch jung genug, deine besten Schafe zu töten."

„Du bist nicht nur alt, du bist auch ein wenig dumm", sagt der Schäfer. „Du bist alt, deine Zähne zeigen das ganz
25 genau. Du kommst einige Jahre zu spät. Nun spielst du den guten Freund, um ohne Angst vor[63] uns Schäfern und unseren Hunden zu fressen. So dumm, wie du denkst, sind wir Schäfer nicht. Geh, mach dich auf den Weg!"

Der Wolf ist böse, geht aber doch zu einem vierten
30 Schäfer. Der gute Hund dieses Schäfers ist seit einigen Tagen tot.[64] „Schäfer", spricht der Wolf, „ich bin nicht mehr der Freund der anderen Wölfe dort im Walde. Ich bin ihr Feind,[65] und sie wissen, daß ich ihr Feind bin. Dein Hund

---

[58] **sollen** shall, be to, be said to.   [59] **auch nur ein Haar** even as much as one hair.   [60] **recht tun** do right; **unrecht tun** do wrong; **du tust mir nicht recht = du tust mir unrecht** you do me an injustice.   [61] **jener** that.   [62] **doch** surely, after all; yet.   [63] **Angst vor** fear of.   [64] **er ist seit einigen Tagen tot** he has been dead for a few days.   [65] **der Feind** enemy.

ist seit einigen Tagen tot. Gib mir seine Stelle, gib mir
seine Arbeit, und du brauchst von jetzt an keine Hunde mehr
und kannst während des ganzen Jahres ruhig schlafen."

„Du willst also meine Herde bewachen", sagt der
5 Schäfer. „Du willst also ein Freund der Schäfer und der
Schafe sein."

„Ja, das will ich", antwortet der Wolf. „Ich will sie Tag
und Nacht bewachen vor[66] den Dieben des Waldes."

„Nicht schlecht", lacht der Schäfer. „Wer aber bewacht
10 meine Herde vor dir? Ein Dieb soll meine Herde bewachen? Ich soll einen Dieb ins Haus nehmen? Nein, so
dumm bin ich nicht. Geh, mach dich auf den Weg!"

„Ich bin alt", sagt der Wolf, „aber ich will trotzdem mein
Bestes tun und weiter versuchen." So kommt er zu einem
15 fünften Schäfer.

„Kennst du mich, Schäfer?" fragt der Wolf.

„Ich kenne den Wolf, also kenne ich dich", antwortet
dieser.

„Du kennst den Wolf, aber nicht mich."

20 „Wie soll ich das verstehen?"

„Ich bin nicht wie die anderen Wölfe. Ich bin ein Freund
aller Schäfer und aller Schafe."

„Du ein Freund der Schäfer und Schafe?"

„Ja, trotz[67] meines Hungers bin ich euer Freund. Ich
25 kann kein Schaf töten. Ich fresse nur tote Schafe. Von Zeit
zu Zeit werde ich darum deine Herde besuchen, um zu
sehen, ob eins deiner Schafe tot ist."

„Das ist genug", antwortet der Schäfer; „du sagst selbst,
daß du nur tote Schafe frißt. Vielleicht weißt du nicht, ob
30 ein Schaf gesund oder krank ist; vielleicht weißt du auch
nicht, ob ein Schaf krank oder tot ist. Ich bin dein Feind
und will dein Feind bleiben. Geh, mach dich auf den
Weg."

„Ich muß alles tun, um zu bekommen, was ich will", denkt
35 der Wolf und kommt endlich zum sechsten Schäfer.

„Schäfer, wie gefällt[68] dir mein Pelz?" fragt der Wolf.

---

[66] **bewachen vor** guard against. [67] **trotz** in spite of. [68] **gefallen** please;
wie gefällt dir mein Pelz? how do you like my fur?

„Dein Pelz gefällt mir gut; er ist schön; er gefällt mir sehr gut."

"Höre, Schäfer, ich bin alt, ich werde nicht mehr lange[69] leben. Gib mir zu fressen, bis ich sterbe, und wenn ich

5 sterbe, gehört dir mein Pelz."

„Wenn du stirbst, gehört mir dein Pelz?" sagt der Schäfer. „Das glaube ich gerne. Wenn ich tue, was du willst, kostet mich dein Pelz am Ende viel mehr als einige Schafe. Wenn du mir aber deinen Pelz geben willst, so gib ihn mir sofort!"

10 Dann nimmt der Schäfer einen schweren Stock, um den Wolf zu töten, der Wolf aber entkommt.

„So sind die Menschen", schreit der Wolf und weiß nicht mehr, was er tun soll. „So muß ich und will ich als ein Feind der Menschen sterben." Er läuft in die Häuser der

15 Schäfer, beißt ihre Frauen und Kinder und stirbt endlich unter den Schlägen der Stöcke und unter den scharfen Zähnen der Schäferhunde.

23. DIE FREUNDE UND DER BÄR

Zwei Freunde gehen durch einen Wald. Auf einmal kommt ein Bär. Der erste fürchtet sich sehr, läuft weg und steigt auf

20 einen Baum. Der zweite kann den Bären nicht allein töten. Er legt sich schnell wie tot auf die Erde, denn man hat ihm gesagt,[70] daß ein Bär keinen toten Menschen frißt.

Wie er nun wie tot auf der Erde liegt, kommt der Bär. Er kommt näher, bleibt über dem Körper des Mannes stehen,

25 fühlt mit seiner Zunge den Kopf des Mannes, fühlt seine Nase und endlich auch seine Ohren. Aber der Mann liegt wie tot auf der Erde, und der Bär geht weiter.

Nach einigen Minuten kommt der erste der Freunde vom Baum herab und sagt zu dem zweiten: „Der Bär hat dir

30 etwas ins Ohr gesagt.[71] Was hat er dir gesagt, lieber Freund?" —„Dieser Bär war ein kluges Tier. Er hat mir

---

[69] **nicht mehr lange** not much longer. [70] **gesagt** said, told. [71] **er hat dir etwas ins Ohr gesagt** he (has) said something in your ear.

ins Ohr gesagt: ‚Dein Freund sitzt dort auf dem Baum und
läßt dich ganz allein mit einem wilden Tier. Suche dir[72]
einen besseren Freund!‘“

24. DER ALTE HUND

Ein alter Hund jagt mit seinem Herrn auf dem Feld nach
5 Wildschweinen. Nach vielen Stunden sehen sie endlich ein
Wildschwein. Der Hund nimmt es bei den Ohren, aber er
kann das Ohr des Wildschweins nicht zwischen den Zähnen
halten, denn er ist zu alt und zu schwach. Der Jäger wird
böse und will ihn töten. Da sagt der Hund zu dem Jäger:
10 „Herr, warum willst du mich töten? Seit zehn Jahren diene
ich dir, und nun willst du mich töten. Denkst du nicht an
meine Arbeit der letzten zehn Jahre? Willst du mich töten,
weil[73] ich alt bin? Denk nicht an das, was ich bin, sondern
an das, was ich war.“

---

[72] **dir** *here* for yourself.   [73] **weil** because.

25. DER LÖWE, DIE KUH UND DAS SCHAF

Die Kuh und das Schaf jagen mit einem Löwen und fangen
einen Hasen.   Wie sie den Hasen teilen wollen, sagt der
Löwe zu ihnen: „Der erste Teil ist mein, weil ich euer König
bin.   Der zweite Teil ist mein, weil ich stärker bin als ihr.
5   Der dritte Teil ist mein, weil ich schneller laufe als ihr; und
wer den vierten Teil nehmen will, ist mein Feind."
Und so frißt der Löwe den Hasen allein.

26. DER FUCHS UND DER HOLZHACKER[74]

Ein Fuchs läuft über ein Feld.   Auf einmal kommt ein Jäger
mit seinen Hunden über den Weg.   Der Jäger und die
10   Hunde jagen ihn durch Wald und Feld.   Endlich kommt der
Fuchs an das kleine Haus eines Holzhackers.   Er bittet den
Holzhacker, ihn zu verstecken.[75]   Der Mann läßt den Fuchs
in sein Haus kommen und zeigt ihm eine dunkle Ecke im
Zimmer.   Da soll der Fuchs sich verstecken.   Der Fuchs
15   findet in der dunklen Ecke des Zimmers ein gutes Versteck.[75]   Wenige Minuten später kommt der Jäger und fragt
den Holzhacker: „Hast du den Fuchs gesehen?"[76] —„Nein,
ich habe ihn nicht gesehen", sagt der Mann, zeigt aber mit
der Hand auf[77] die Ecke des Zimmers und auf das Versteck
20   des Fuchses.   Der Jäger versteht den Mann nicht und geht
sofort wieder aus dem Haus.
Wie der Jäger weg ist, kommt der Fuchs aus seinem Versteck heraus und will aus dem Haus laufen.   Aber der Holzhacker ruft: „Willst du mir nicht danken für das Versteck in
25   der dunklen Ecke meines Zimmers?"   „Nein", sagt der
Fuchs, „warum soll ich dir danken?   Deine Hand ist gut und
wahr, aber deine Zunge ist böse und falsch."

---

[74] das **Holz** (wood) + **hacken** (hack, chop) = der **Holzhacker** woodcutter.
[75] **verstecken** hide; das **Versteck** hiding-place. [76] **gesehen** seen.
[77] **zeigen auf** point to.

27. DIE ZUNGE

Ein Herr gibt seinem Sohn ein Geldstück und sagt zu ihm:
„Geh auf den Markt[78] und kaufe[79] das Beste, was du finden
kannst.“[80] Der Sohn geht auf den Markt, kauft Zungen und
bringt sie seinem Vater.

5   „Ist die Zunge das Beste auf dem ganzen Markt?“ fragt
der Mann sehr erstaunt. „Ja, nicht nur das Beste auf dem
ganzen Markt, sondern das Beste in der ganzen Welt“, antwortet der Sohn. „Ich verstehe dich nicht, erkläre!“[81] sagt
der Herr. „Das Beste und Klügste sagen die Menschen mit
10   der Zunge, und darum ist die Zunge das Beste in der ganzen
Welt!“ antwortet der Junge.

Der Mann gibt seinem Sohn noch ein Geldstück und sagt:
„Geh auf den Markt und kaufe das Schlechteste, was du
finden kannst.“ Der Junge geht wieder auf den Markt, kauft
15   wieder Zungen und bringt sie seinem Vater.

„Ist die Zunge das Beste und auch das Schlechteste auf
dem ganzen Markt? Ich verstehe dich nicht, erkläre!“
—„Die Zunge ist das Beste und das Schlechteste in der
ganzen Welt“, sagt der Sohn. „Mit der Zunge sagen die
20   Menschen das Klügste und Beste, aber auch das Dümmste
und Schlechteste.“

28. WAHRE FREUNDSCHAFT[82]

Unter einem Küchenfenster liegen zwei Hunde in der
warmen Sonne. Der eine heißt Lump,[83] der andere heißt
Strolch.[84] Die Hunde haben gut gegessen[85] und sind glück-
25   lich und zufrieden. Sie sprechen über viele Dinge, über
gute und schlechte Herren, Häuser und Diebe, Essen und
Trinken, und endlich sprechen sie auch über Freunde und
Freundschaft.

„Nichts ist schöner als wahre Freundschaft“, sagt Lump.

---

[78] **der Markt** market. [79] **kaufen** buy. [80] **das Beste, was du finden kannst**
the best you can find. [81] **erklären** explain. [82] **die Freundschaft** friendship. [83] **der Lump** scamp, scoundrel. [84] **der Strolch** tramp, vagabond.
[85] **gegessen** eaten.

„Nichts ist besser, als mit einem wahren Freund alles zu
teilen. Nichts ist schöner, als einem armen Freund alles zu
geben, was man hat, ihm zu dienen und ihn ganz glücklich
zu machen. Von dieser Stunde an wollen wir Freunde sein.
5 Wir wollen füreinander leben und sterben. Wollen wir das,
lieber Freund?"

„Ja", sagt Strolch, „das wollen wir. Nichts soll größer
sein als unsere Freundschaft. Warum sollen wir böse auf
einander[86] sein? Warum sollen wir Feinde sein? Warum
10 sollen wir einander in die Ohren und die Beine beißen?
Das sollen die Menschen tun, und sie tun es ja[87] auch jeden
Tag. Wir wollen besser sein als die Menschen. Nichts ist
größer als unsere Freundschaft. Gib mir deine Hand."

„Hier ist meine Hand", antwortet Lump, „nichts ist
15 stärker als unsere Freundschaft".

Aber im nächsten Augenblick fällt ein Stück Fleisch aus
dem Küchenfenster. Es fällt zwischen die neuen, wahren
Freunde. Beide springen auf, beide zeigen ihre Zähne,
beide wollen das Stückchen Fleisch nehmen, und jeder ver-
20 sucht, seinen neuen, wahren Freund zu töten.

29. DIE BRÜDER

Ein Esel geht mit dem Löwen durch den Wald. Bald treffen
sie einen zweiten Esel, und dieser ruft freundlich: „Guten
Tag, lieber Bruder! Wohin gehst du?" —„Sei still", ruft
der andere Esel zurück; „geh, mach dich auf den Weg; ich
25 kenne dich nicht!"

---

[86] **böse auf einander** angry with one another. [87] **ja** *here* in fact, indeed.

„Und warum kennst du mich nicht?" antwortet der freundliche Esel. „Bist du mehr als ich, weil du mit dem Löwen gehen darfst? Bist du darum mehr als ein Esel?"

30. RÄTSEL[88]

Wer hat zwei Köpfe, zwei Arme und sechs Füße? —Ein
5 Reiter und sein Pferd.

Welche alte Uhr geht nur bei Tag? —Die Sonnenuhr.

Ich spreche alle Sprachen der Welt und habe keine Sprache gelernt.[89] Wer bin ich? —Das Echo.

Warum läuft der Hase über den Berg? —Er kann nicht
10 durch den Berg laufen.

Welche Fische haben die Augen am nächsten zusammen? —Die kleinsten Fische.

Ich bin fertig, aber man macht mich jeden Tag. Wer bin ich? —Das Bett.

15 In welchem Monat sprechen die Professoren am wenigsten? —Im Februar.

Ich habe keinen Anfang und kein Ende. Wer bin ich? —Der Ring.

Warum fressen die weißen Schafe mehr als die schwar-
20 zen? —Es gibt mehr weiße Schafe als schwarze.

Ein Mann hat einen Wolf, ein Lamm und einen Korb Gemüse. Er will den Wolf, das Lamm und das Gemüse über einen Fluß bringen.

Er hat ein Boot,[90] aber das Boot ist sehr klein. Er kann den
25 Wolf, das Lamm und den Korb Gemüse nicht zu gleicher Zeit über den Fluß bringen, sondern den Wolf allein oder das Lamm allein oder den Korb Gemüse allein.

Aber, bringt er zuerst[91] den Wolf hinüber,[92] dann bleibt

---

[88] das Rätsel riddle. [89] gelernt learned. [90] das Boot boat. [91] zue′rst (at) first. [92] hinü′ber over, across.

das Lamm mit dem Gemüse allein, und das Lamm frißt das
Gemüse. Bringt er zuerst das Gemüse hinüber, dann bleibt
der Wolf mit dem Lamm allein, und der Wolf frißt das
Lamm. Was soll der arme Mann nun tun?

5   Er bringt zuerst das Lamm hinüber und holt dann den
Korb Gemüse. Aber das Lamm nimmt er wieder mit, so daß
das Lamm das Gemüse nicht fressen kann. Dann bringt er
den Wolf hinüber, denn der Wolf frißt kein Gemüse. Nun
holt er endlich das Lamm, und so sind der Wolf, das Lamm
10 und der Korb Gemüse glücklich auf der anderen Seite des
Flusses.

EXERCISES

18–19

A. *Answer the following questions with* **ja** *or* **nein.**

1. Wohnt die Stadtmaus auf dem Feld?
2. Findet die Feldmaus sofort das Loch in der Wand?
3. Trifft die Katze den Fuchs zum ersten Mal?
4. Fangen die Hunde des Jägers die Katze?

B. *Answer the following questions.*

1. Was für eine Maus trifft die Stadtmaus?
2. Wohin folgt die Feldmaus ihrer Freundin?
3. Wohin läuft die Stadtmaus, als das Kind in die Küche kommt?
4. Was sagt der Fuchs zu der Katze?
5. Was tut die Katze, als der Jäger mit seinen Hunden kommt?

20

A. *Answer the following questions with* **ja** *or* **nein.**

1. Bringt der Wolf dem Fuchs ein Schaf?
2. Schlagen die Bauern den Wolf?
3. Springt der Wolf aus dem Kellerloch?

B. *Answer the following questions.*

   1. Was sagt der hungrige Wolf zu dem Fuchs?
   2. Was tut der Wolf in der Küche des Bauern?
   3. Wie entkommt der Fuchs am Ende?
   4. Warum kann der Wolf nicht entkommen?

21

A. *Answer the following questions with* **ja** *or* **nein.**

   1. Legt der Hase sich wie tot auf die Erde?
   2. Läuft der Fuchs schneller als der Hase?
   3. Hängt der Hase seine Ohren ins Wasser?

B. *Answer the following questions.*

   1. Was tut das Mädchen, als es den Hasen sieht?
   2. Was ruft der Hase, als sie an den Teich kommen?
   3. Warum hängt der Fuchs seinen Schwanz ins Wasser?
   4. Warum kann der Hase das Brot allein fressen?

22

A. *Answer the following questions with* **ja** *or* **nein.**

   1. Nennt man den Wolf einen Freund des Menschen?
   2. Sagt der Schäfer: „Bleib hier, Wolf!"?
   3. Ist der Hund des vierten Schäfers seit einigen Tagen tot?
   4. Lebt der Wolf noch lange?

B. *Answer the following questions.*

   1. Warum nennen die Menschen den Wolf einen Dieb?
   2. Was will der Wolf von den Schäfern haben?
   3. Was soll dem sechsten Schäfer gehören, wenn der Wolf stirbt?
   4. Wie stirbt der Wolf?

23–27

A. *Answer the following questions with* **ja** *or* **nein.**

   1. Steigt der eine Freund auf einen Baum, als der Bär kommt?
   2. Fängt der alte Hund das Wildschwein?

3. Dankt der Fuchs dem Holzhacker?
4. Ist die Zunge das Beste, was man finden kann?

B. *Answer the following questions.*

1. Was hat der Bär dem Mann ins Ohr gesagt?
2. Wie lange dient der alte Hund schon seinem Herrn?
3. Worum bittet der Fuchs den Holzhacker?
4. Warum will der Fuchs dem Holzhacker nicht für das Versteck danken?
5. Was soll der Sohn für den Vater kaufen?
6. Warum ist die Zunge das Beste und das Schlechteste in der ganzen Welt?

28–30

A. *Answer the following questions with* **ja** *or* **nein.**

1. Wollen die beiden Hunde böse aufeinander sein?
2. Sind die Hunde am Ende immer noch wahre Freunde?
3. Geht der Esel mit einem Löwen durch den Wald?
4. Bringt der Mann zuerst den Wolf über den Fluß?

B. *Answer the following questions.*

1. Worüber sprechen die beiden Hunde?
2. Was tun die Freunde, als ein Stück Fleisch aus dem Fenster fällt?
3. Warum ist der eine Esel nicht freundlich zu dem anderen Esel?
4. Was oder wen bringt der Mann zuletzt über den Fluß?

Vocabulary Building

A. i. *Infinitives may be used as nouns. Form neuter nouns from the following infinitives, following the example.*

EXAMPLE: teilen *to divide;* **das Teilen** *the dividing*
töten *to kill;* **das Töten** *the killing*

fangen	glauben	erklären
entkommen	baden	gehen
zerbeißen	bitten	kommen
brüllen	denken	lesen

ii. *Many nouns can be formed from infinitive stems. Form masculine nouns from the infinitive stems, following the example. Note that the infinitive noun has the more abstract meaning.*

> **EXAMPLE:** teilen *to divide, part;* **der Teil** *the part* das Teilen, *the (act of) dividing;* **der Teil** *(the result of dividing), the part*

fangen	anfangen	fallen
tanzen	laufen	schlafen
beginnen		

B. *The suffix* **-er** *when affixed to verbal stems denotes the agent. Form masculine nouns in* **-er** *from the infinitive stems of the following verbs.*

> **EXAMPLE:** arbeiten *to work;* **der Arbeiter** *the worker*

essen	lachen	spielen
fressen	lehren	sprechen
geben	rufen	springen
nehmen	schreiben	trinken
helfen	schwimmen	

C. *The suffix* **-in**, *added to a masculine noun, gives the feminine equivalent. Form feminine nouns with the suffix* **-in**, *using the* umlaut *where indicated.*

> **EXAMPLE:** der König *the king;* **die Königin** *the queen*

der Arzt (⸚)	der Fuchs (⸚)
der Professor	der Hund (⸚)
der Bäcker	der Lehrer
der Reiter	der Tiger
der Bauer (⸚)	der Wolf (⸚)

D. *The suffix* **-ig**, *cognate with* -y *in* hungry, *generally means "to have," "to possess" that which is indicated in the stem. Form adjectives in* **-ig** *from the following nouns, omitting the letters in parentheses.*

EXAMPLE: die Sonne *the sun;* **sonnig** *sunny*

der Wind	die Farb(e)	das Holz
der Hung(e)r	das Feu(e)r	die Luft
der Durst	das Fleisch	die Woll(e)
das Eis	das Haar	der Zuck(e)r

E. *Give antonyms in German.*

EXAMPLE: leer—**voll;** kommen—**gehen**

leben	halb	klein
fragen	alt	krank
legen	dick	leer
liegen	hell	leicht
hier	weiß	wild
hinter	lang	hart
der linke	warm	reich
der erste		

Idioms Used in the Text

Der Frosch ist **noch nicht** so groß wie der Löwe.

Die Tiere **fürchten sich vor** mir.

Der Löwe **lacht über** die Worte des Esels.

Du bist **nichts als** ein Esel.

Der Hase sagt: „**Das freut mich.**"

Der Hund geht **eines Tages** durch den Park.

In Indien **gibt es** viel stärkere Hunde.

Die Hunde **haben** keine **Angst vor** dem Tiger.

Ein Rabe findet ein **Stück Käse.**

Der Rabe **freut sich über** die Worte des Fuchses.

Die Biene **setzt sich** auf das Blatt.

Ich **sterbe vor Hunger.**

Immer wieder versucht die Krähe zu trinken.

Sie findet **etwas Gutes** zu essen.

Die Katze sieht das **gar nicht** gern.

Seit Wochen versucht sie, die Maus zu fressen.

Die Katze ist sehr **böse auf** die Maus.

Auf einmal hört sie einen Hund bellen.

Hier ist **noch ein** Stück Fleisch.

Wie kommen wir **aus** dem Brunnen **hinaus (heraus)?**

Ich kann **vor Hunger** nicht schlafen.

Was für eine Maus bist du?

Sie trifft ihn **zum ersten Mal (zum erstenmal)**.

Du Esel, was kommt **dir in den Kopf?**

Sie ruft es **vom** Baum **herab**.

Denk an deine tausend Künste!

„O ja", sagt der Wolf, „**das ist mir recht**".

Der Wolf ist **immer noch** hungrig.

Warum springst du immer **hin und her?**

Am Ende stirbt der Wolf.

„**Du hast recht**", sagt der Fuchs.

Ich laufe **so schnell ich kann**.

Halt! **Bleib stehen!**

Geh, **mach dich auf den Weg!**

Bekomme ich **nicht einmal** fünf Schafe?

Warum soll ich dir **auch nur** ein Haar geben?

Du **tust mir** nicht **recht**, du **tust mir unrecht**.

Wie gefällt dir mein Pelz?

Ich werde **nicht mehr lange** leben.

Er **zeigt** mit der Hand **auf** die Ecke des Zimmers.

Vocabulary (Part A)

backen	der Durst	die Herde	das Netz
der Bäcker	das Echo	die Idee	selbst
binden	fett	Indien	setzen
das Boot	frei	kosten	springen
daß	der Frosch	das Lamm	die Suppe
der Dieb	der Fuchs	der Markt	unter
das Ding	der Gott	miauen	die Wolle
dumm	halten	natürlich	

(Part B)

ab	dienen
die Ameise	doch
die Angst	das Dorf
der Augenblick	durch
der Bauer	dürfen
beide	eigen
bellen	einander
besuchen	das Eisen
bewachen	empfangen
bleiben	endlich
brüllen	entkommen
-chen (*diminutive suffix*)	erklären
darum	erstaunt

fangen
die Feder
der Fehler
der Feind
fertig
fest
flach
die Flasche
der Fluß
folgen
fremd
fressen
freuen
die Freundschaft
frieren
froh
früh
fürchten
gar
gefallen
gehören
glauben
gleich
die Grille
hacken
der Handschuh
heben
her
hin
holen
das Holz
jagen
der Jäger
jener
jetzt
der Käse
kaufen
kennen

die Kette
klar
klug
der König
der Korb
das Korn
die Krähe
die Kunst
lachen
lassen
leise
lieb
das Loch
der Löwe
der Lump
die Mauer
nennen
niemand
ob
oben
öffnen
der Pelz
der Pfannkuchen
platzen
der Rabe
das Rätsel
recht
reisen
ruhig
das Schaf
der Schäfer
der Schnabel
schon
der Schwanz
das Schwein
seit
sofort
der Soldat

sollen
der Stachel
steigen
der Stein
die Stelle; stellen
der Stock
der Strolch
das Stück
suchen
der Teich
teilen
der Teller
tot
töten
treffen
trotz
trotzdem
um
verstecken
versuchen
vielleicht
der Vogel
wahr
während
wann
warum
der Weg
weg
weil
die Welt
wo
wünschen
zahm
zerbeißen
ziehen
zuerst
zufrieden

3 Anekdoten und Erzählungen

Anekdoten und Erzählungen

Storytelling has seemingly been a favorite preoccupation of human beings since before the dawn of history. Anecdotes and stories, in contrast to fables, have human actors and are normally treated as events which actually happened, or at least could have happened. The crucial element in an anecdote is often the "punch line," the surprise ending which gives the story a peculiar twist. The effect of the peculiar twist may be surprise or shock, but it is most commonly amusement or even laughter. The advantage of anecdotes in foreign language classes is that it is usually possible to "get the point" only when the text has been rather fully comprehended, and everyone wants to get the point!

1. KÖNIGE SIND SELTEN

Ein König reiste durch sein Land.   Auf seiner Reise kam er durch ein kleines Dorf.   Er ging in ein Wirtshaus[1] und sagte zu dem Wirt: „Herr Wirt, bringen Sie mir zwei frische Eier, Brot, Butter und eine Flasche alten Wein."

5   Der Wirt ging in die Küche und brachte alles, was der König wünschte, zwei frische Eier, Brot, Butter und eine Flasche alten Wein.   Der König setzte sich an den Tisch und aß und trank mit gutem Appetit.

Nach dem Essen sagte der König zu dem Wirt: „Herr Wirt, 10 ich will bezahlen;[2] was kostet das Essen?"

„Zwei frische Eier, Brot, Butter und eine Flasche Wein kosten zusammen zweihundert Taler",[3] sagte der Wirt.

---

[1] der Wirt (host, innkeeper) + das Haus (house) = das Wirtshaus inn.
[2] bezahlen pay.   [3] der Taler thaler, dollar (*old monetary unit*).

„Zweihundert Taler?" rief der König sehr erstaunt. „Wofür soll ich zweihundert Taler bezahlen?"

„Für die Eier", antwortete der Wirt.

„Sind denn Eier so selten in diesem Dorf?" fragte der
5 König.

„Nein", antwortete der Wirt, „Eier sind gar nicht selten, aber Könige sind so selten wie schöne Sommertage im Winter."

Der König freute sich über diese Antwort und bezahlte
10 dem klugen Wirt zweihundert Taler für das Essen.

2.   KÖNNEN SIE SCHWEIGEN?[4]

Ein Student ging mit seiner Professorin durch den Park in der Nähe[5] der Universität.   Der Student sollte am nächsten Morgen ein schweres Examen machen.   Er fürchtete sich vor dem Examen und dachte: „Wenn ich mit der Professorin
15 ins Wirtshaus gehe und Kaffee und Kuchen[6] für sie bezahle, sagt sie mir vielleicht, wie das Examen ist."   Der Kaffee war gut und frisch, und der Kuchen schmeckte[7] der Professorin sehr gut.   Die Professorin dankte dem Studenten, als er alles bezahlte.   Auf dem Weg zurück zur Universität konnte der
20 Student nicht länger warten und sagte: „Bitte, sagen Sie mir, was für Fragen in meinem Examen sind?"   Die Professorin war so erstaunt, daß sie zuerst nur schwieg.   Da sagte der Student noch einmal:[8] „Ich muß wissen, was ich für mein Examen lernen muß.   Ich tue alles, was Sie wollen, wenn
25 Sie es mir sagen."   Die Professorin blieb stehen, sah den Studenten lange an[9] und fragte: „Können Sie schweigen?"

Der Student war sehr glücklich und sagte schnell: „Natürlich.   Ich kann sehr gut schweigen."

Da sagte die Professorin leise ins Ohr des Studenten: „Ich
30 auch!"

---

[4] **schweigen** be silent; keep quiet (about something).   [5] **die Nähe** vicinity.
[6] **der Kuchen** cake.   [7] **schmecken** taste.   [8] **noch einmal** again, once
more.   [9] **ansehen** look at.

3. DER KLUGE ELEFANT

Ein Professor besuchte den zoologischen Garten. Dort sah
er einen großen Elefanten. Einige Kinder standen vor dem
Elefanten und gaben ihm etwas zu fressen. Ein Student
kam und sagte: „Nun ist es genug, Kinder, der arme Elefant
5 wird zu rund und fett. Gebt ihm nichts mehr." Der Professor kannte den Studenten, denn dieser studierte an der
Universität und arbeitete auch jede Woche zwanzig Stunden
im zoologischen Garten.

Der Professor ging zu dem Studenten und sagte: „Ich
10 höre, Elefanten sind sehr klug. Ist das wahr?" „Das ist
wahr", sagte der Student. „Er kann zum Beispiel ein Fünfmarkstück[10] in eine Tasche[11] stecken.[12] Geben Sie ihm ein
Fünfmarkstück und er steckt es in meine Tasche."

Der Professor gab dem Elefanten ein Fünfmarkstück, und
15 der Elefant steckte es in die Tasche des Studenten. „Das ist
sehr interessant,[13] das ist wunderbar!" rief der Professor.
„Aber jetzt muß er mir mein Geld zurückgeben."[14]

„Das kann er nicht und das will er auch nicht", lachte der
Student. Und alle Kinder hörten es und lachten auch.

4. KARLCHEN

20 Der kleine Karl hat viel Humor.[15] Er sagt und tut die witzig-
sten[16] Dinge. Einmal fragte der Lehrer ihn in der Schule:[17]
„Karlchen, wie alt ist dein Großvater?"

„Das weiß ich nicht, Herr Lehrer", antwortete Karlchen,
„aber wir haben ihn schon sehr lange".[18]
25 Ein anderes Mal fragte der Lehrer: „Karlchen, wieviele
Beine hat ein Pferd?" Karlchen antwortete: „Ein Pferd hat
vier Beine, das heißt, an jeder Ecke eins."

„Nenne mir ein Verb", sagte der Lehrer einmal.

---

[10] **das Fünfmarkstück** five-mark piece (*largest German coin*). [11] **die
Tasche** pocket. [12] **stecken** stick, put. [13] **interessant** interesting.
[14] **zurückgeben** give back, return. [15] **Humo'r haben** be funny, have a
sense of humor. [16] **witzig** funny, witty. [17] **in der Schule** in (at) school.
[18] **wir haben ihn schon lange** we have had him for a long time.

„Esel ist ein Verb", antwortete Karlchen.

„Ist das richtig? Wie kann Esel ein Verb sein?"

„Mein großer Bruder sagt immer: ‚Du Esel, wir Esel, ihr Esel' und so weiter; also ist Esel ein Verb."

5 Eines Tages erklärte der Lehrer die Wörter „konkret" und „abstrakt". Er erklärte: „Ich sehe den Tisch, das Buch und das Fenster. Das Fenster, der Tisch und das Buch sind konkret. Aber die Zeit oder die Stunde kann ich nicht sehen. Die Zeit und die Stunde sind abstrakt. Nun, Karl-
10 chen, sage mir einen Satz mit den Wörten ‚konkret' und ‚abstrakt'."

„Das ist ganz leicht", sagte Karlchen, „hier ist ein guter Satz: ‚Meine Hände sind im Sommer konkret und im Winter abstrakt.'"

15 „Diesen Satz verstehe ich nicht; den mußt du mir erklären."

„Das kommt durch die Handschuhe, Herr Lehrer", erklärte Karlchen. „Im Winter trage ich Handschuhe, und dann sind meine Hände abstrakt. Im Sommer trage ich
20 keine Handschuhe, und dann sind sie konkret."

Einmal ging Karlchen allein auf eine Reise. Er reiste zu seiner Großmutter. In einer großen Stadt hielt[19] der Zug zehn Minuten. Karlchen stieg aus dem Wagen[20] des Zuges. Er sah die Nummer[21] seines Wagens und dachte: „1492
25 (vierzehnhundertzweiundneunzig). Diese Nummer kann ich nicht vergessen.[22] Im Jahre 1492 hat Kolumbus Amerika entdeckt.[23] Niemand kann vergessen, wann Kolumbus Amerika entdeckt hat." Nun ging er neben dem Zuge hin und her. Auf einmal hörte er jemand rufen: „Alles ein-
30 steigen!"[24] Aber Karlchen konnte nicht einsteigen, denn er wußte die Nummer seines Wagens nicht mehr. Er fing an zu weinen[25] und schrie laut: „Wann hat Kolumbus Amerika entdeckt? Wann hat Kolumbus Amerika entdeckt?"

Endlich kam ein Herr und sagte: „Warum weint denn

---

[19] **halten** *here:* stop.   [20] **der Wagen** car.   [21] **die Nummer** number.
[22] **vergessen** forget.   [23] **entdeckt** discovered.   [24] **einsteigen** get in; **alles einsteigen** all aboard.   [25] **weinen** weep, cry.

dieser große Junge? Was ist geschehen?"[26] „Nichts ist geschehen", antwortete Karlchen, „ich will nur wissen, wann
Kolumbus Amerika entdeckt hat." —„Im Jahre 1492", sagte
der Herr sehr erstaunt, und Karlchen ging zu dem richtigen
5 Wagen, stieg in den Zug und reiste weiter.

5. EIN KÖNIG FINDET SEINEN MEISTER[27]

Ein König ritt auf die Jagd.[28] Auf der Jagd verlor[29] sein Pferd
ein Hufeisen.[30] Der König ritt langsam durch Wald und
Feld, bis er in ein kleines Dorf kam. Er suchte einen
Schmied[31] und fand endlich einen.
10   „Ich wünsche ein neues Hufeisen für mein Pferd", sagte
er zu dem Schmied.

Der Schmied nahm ein Stück Eisen und legte es ins
Feuer. Er schmiedete[32] ein gutes, starkes Hufeisen und gab
es dem König. Der König nahm das Eisen in seine starken
15 Hände und zerbrach[33] es. Er hielt die beiden Stücke[34] in
den Händen und sagte:

„Nimm besseres Eisen, Schmied; nimm das beste Eisen
der Welt. Nur das beste Eisen ist stark genug für mein
Pferd."

20   Der Schmied nahm ein neues Stück Eisen und legte es ins
Feuer. Wieder schmiedete er ein starkes Hufeisen und gab
es dem König. Der König nahm auch dieses Eisen in seine
Hände und zerbrach es.

„Nimm besseres Eisen; nimm das beste Eisen der Welt.
25 Nur das beste und stärkste Eisen ist gut genug für mein
Pferd."

So zerbrach der König noch mehrere[35] Hufeisen. Endlich
sagte er: „Dieses ist gut genug." Der Schmied schlug das
Eisen an den Huf des Pferdes. Der König stieg auf sein

---

[26] geschehen happen; was ist geschehen? what happened? [27] der
Meister master. [28] die Jagd hunt. [29] verlieren lose. [30] der Huf (hoof) +
das Eisen (iron) = das Hufeisen horseshoe. [31] der Schmied blacksmith.
[32] schmieden forge. [33] brechen break; zerbrechen break to pieces. [34] die
beiden Stücke the two pieces. [35] mehrere several.

Pferd, gab dem Schmied einen Silbertaler[36] und sagte: „Auf
Wiedersehen!"
Aber der Schmied rief den König zurück.[37] „Halt", rief er,
„dieser Silbertaler ist schlecht. Er ist nicht stark genug für
5 mich." Im nächsten Augenblick brach er ihn vor den Augen
des Königs in zwei Stücke.
Der König gab dem Schmied einen anderen Silbertaler.
Der Schmied nahm auch diesen zwischen seine starken
Finger und brach ihn in zwei Stücke. So zerbrach er noch
10 mehrere Silbertaler, bis der König ihm endlich ein
Goldstück gab.
Der König ritt weg und dachte: „In diesem Schmied habe
ich meinen Meister gefunden."[38]
Diese Anekdote erzählt[39] man von August dem Starken.
15 August der Starke war König von Sachsen[40] und lebte von
1670 (sechzehnhundertsiebzig) bis 1733 (siebzehnhundert-
dreiunddreißig).

6. MENDELSSOHN UND FRIEDRICH
DER GROßE

Moses Mendelssohn war ein berühmter[41] Philosoph. Er
war der Großvater des berühmten Komponisten[42] Felix Men-
20 delssohn und ein guter Freund Lessings und Friedrichs des
Großen.
Von ihm erzählt man diese Anekdote:
Mendelssohn besuchte Friedrich den Großen häufig.
Eines Tages bat ihn der König, zum Abendessen zu
25 kommen. Um sieben Uhr waren alle Gäste[43] da, nur Mendelssohn nicht. Der König nahm immer wieder seine Uhr
aus der Tasche und sagte: „Wo ist Mendelssohn? Diese
Philosophen! So sind die berühmten Philosophen! Wenn
sie hinter den Büchern sitzen, vergessen sie alles!"
30 Der König und seine Freunde setzten sich an den Tisch.
Friedrich nahm ein Stück Papier aus der Tasche und schrieb
die Worte: „Mendelssohn ist ein Esel. Friedrich II. (der

---

[36] das Silber silver. [37] zurückrufen call back. [38] gefunden found.
[39] erzählen tell. [40] Sachsen Saxony. [41] berühmt famous. [42] der
Komponi'st composer. [43] der Gast guest.

Zweite)." Er gab das Papier einem Diener[44] und sagte:
„Legen Sie es auf Herrn Mendelssohns Teller."

Wenige Minuten später kam der Philosoph. Er sagte:
„Guten Abend", ging schnell an seinen Platz[45] und fand den
5 kleinen Brief[46] des Königs. Er las den Brief und steckte ihn
ruhig in die Tasche. Dann begann er, seine Suppe zu essen.

Da sagte der König: „Was für ein Briefchen steckt der
berühmte Philosoph Mendelssohn so still und glücklich in
die Tasche? Will er uns nicht erzählen, was in dem Brief-
10 chen steht und von wem es kommt? Will er es nicht laut
lesen?"

Mendelssohn stand auf[47] und sprach: „Ja, ich lese es sehr
gerne." Dann las er mit lauter Stimme:

„Mendelssohn ist *ein* Esel, Friedrich—der *zweite*."

7. DER ARME ABRAHAM MENDELSSOHN

15 Moses Mendelssohn war ein berühmter Philosoph. Der
Sohn seines Sohnes, Felix Mendelssohn, war ein berühmter
Komponist. Zwischen beiden stand Abraham Mendelssohn.
So war Abraham der Sohn eines berühmten Philosophen
und der Vater eines berühmten Komponisten. Darum sagte
20 er einmal von sich selbst: „Einen ärmeren Mendelssohn, als
ich bin, gibt es nicht auf dieser Welt. Ich bin nichts als der
Sohn des Moses und der Vater des Felix."

8. SIEBEN ESEL

Ein Bauer hatte sieben Söhne. Diese Söhne waren keine
guten Freunde. Sie stritten[48] oft miteinander. Sie stritten
25 mehr, als sie arbeiteten, und der böse Nachbar[49] freute sich
über ihren Streit. Er wartete auf den Tod[50] des alten Vaters

---

[44] **der Diener** servant. [45] **der Platz** place; seat; square. [46] **der Brief** letter.
[47] **aufstehen** stand up, get up, rise. [48] **streiten** quarrel; *noun:* **der Streit.**
[49] **der Nachbar** neighbor. [50] **der Tod** death.

dieser sieben Söhne und dachte: „Dieser Streit wird sehr gut für mich sein, wenn der alte Mann stirbt."

Eines Tages rief der Vater seine sieben Söhne zusammen und zeigte ihnen sieben Stöcke. Er nahm diese Stöcke und
5 band sie zusammen. Dann sagte er: „Wer von euch kann diese sieben Stöcke zerbrechen? Wer sie zerbricht, bekommt tausend Mark von mir."

Ein Sohn nach dem anderen versuchte, aber keiner von ihnen konnte es. Jeder versuchte und sagte: „Ich kann es
10 nicht, und niemand kann es. Kein Mensch ist stark genug dazu."[51]

„Nichts ist leichter, als diese Stöcke zu zerbrechen", rief der alte Vater böse; „auch ich bin stark genug dazu". Dann nahm er die Stöcke, zerbrach einen nach dem anderen und
15 warf[52] die Stücke in die Ecke des Zimmers.

„Das kann jedes kleine Kind", riefen die Söhne. „Jeder kann einen nach dem anderen zerbrechen."

Der Vater aber sagte: „Ich wollte euch nur zeigen, was euer Streit bedeutet. Unser Nachbar wartet auf meinen
20 Tod. In den Händen des Nachbarn seid ihr wie diese sieben Stöcke in meinen Händen. Er wird euch zerbrechen, wie ich die Stöcke zerbrach. Er wird alles nehmen, was ihr habt. Euer Streit muß enden. Versteht ihr nun, ihr sieben Esel?"

9. DER JUNGE MALER[53]
UND SEIN MEISTER

25 Ein junger Maler malte ein schönes Bild. Er war mit sich und seiner Kunst sehr zufrieden. Er ging zu seinem Meister und zeigte ihm das Bild. Auch der Meister war zufrieden. Der junge Maler aber war so glücklich über sein Bild, daß er nicht mehr arbeitete. Er glaubte, daß er nichts mehr zu
30 lernen hatte. Er war mit sich, mit seiner Kunst und der Welt ganz und gar[54] zufrieden.

---

[51] dazu for that. [52] werfen throw. [53] der Maler painter; malen paint.
[54] ganz und gar altogether, totally.

Eines Tages kam er in sein Arbeitszimmer und konnte
sein Bild nicht finden. Er suchte und suchte in allen Ecken,
konnte es aber nicht finden. Endlich fand er die Stücke
seines Bildes im Papierkorb. „Warum", dachte er, „zer-
5 reißt[55] mein Meister mein bestes Bild, meine beste Arbeit?"
Er lief zu seinem Meister und rief: „Meister, warum zerreißt
du mein bestes Bild?"

Der Meister antwortete: „Dein Bild war gut, aber es war
nicht so gut, wie es sein konnte und sein mußte. Es war
10 nicht dein Bestes. Du bist ganz und gar zufrieden mit dir
selbst. Du liebst[56] nicht die Kunst, du liebst dich selbst in
der Kunst. Aber jede große Kunst ist nie mit sich selbst zufrieden. In deinem Bild sehe ich nicht dein Herz. Glaube
mir und fange noch einmal an. Dann wirst du die wahre
15 kunst finden."

Mit schwerem Herzen folgte[57] der junge Maler seinem
Meister. Er begann noch einmal. Er arbeitete und lernte
fleißig weiter[58] und wurde endlich einer der berühmtesten
Maler seines Landes und seiner Zeit.

20 Der Name dieses jungen Malers war Timantes. Timantes
war einer der berühmtesten Maler im alten Griechenland.[59]
Er lebte vor mehr als zweitausend Jahren.[60]

10. WAS KANN EIN PRINZ?

Ein König brauchte Soldaten für die Armee seines Landes.
Er schickte alte Soldaten aus,[61] um junge Männer zu suchen
25 und zu fangen. Die Soldaten fingen viele junge Leute und
schickten sie in die Armee des Königs. Unter vielen anderen fingen sie auch den Sohn einer armen Frau.

Die Mutter des jungen Mannes war in großer Sorge.[62] In
ihrer Sorge lief sie zum Schloß[63] des Königs und sagte:

---

[55] **zerreißen** tear to pieces. [56] **lieben** love. [57] **folgen** *here* obey.
[58] **weiterarbeiten** continue to work; **weiterlernen** continue to learn.
[59] **Griechenland** Greece. [60] **vor 2000 Jahren** 2,000 years ago.
[61] **schicken = senden** send; **ausschicken** send out. [62] **die Sorge** worry,
care, anxiety. [63] **das Schloß** palace.

„Mein Mann ist seit vielen Jahren tot. Ich bin alt und kann nicht mehr arbeiten. Ich habe nur einen Sohn, und diesen haben deine Soldaten gefangen.[64] Soll ich vor Hunger sterben?"

5 „Meine Söhne, die Prinzen", antwortete der König, „sind auch Soldaten und dienen auch ihrem Vaterlande".

„Das ist gut so", antwortete die alte Mutter in ihrer großen Sorge. „Was kann ein Prinz? Ein Prinz spielt Soldat, oder er sitzt in einem schönen Schloß und hat nichts zu tun.

10 Mein Sohn aber kann Schuhe machen; mein Sohn ist Schuhmacher und arbeitet jeden Tag vom frühen Morgen bis zum späten Abend.[65] Sollen deine Soldaten ohne Schuhe gehen?"

Die Worte der alten Frau gefielen dem König so gut, daß

15 er den jungen Schuhmacher nach Hause schickte. Das war für diesen jungen Schuhmacher sehr gut, aber den anderen jungen Menschen hat es nicht viel geholfen.[66] Sie mußten in der Armee bleiben.

11. FRIEDRICH DER GROßE
UND DER MULLER[67]

In der Nähe von Berlin liegt in einem großen, schönen

20 Garten ein Schloß, das Schloß „Sans souci", auf deutsch: Schloß „Ohne Sorge". Viele Menschen, Deutsche und auch Leute aus fremden Ländern, besuchen dieses Schloß, denn Friedrich der Große wohnte dort. In der Nähe des Schlosses steht eine Windmühle,[68] und von dieser Wind-

25 mühle erzählt man eine interessante Anekdote.

Der König war alt und wollte von nun an in seinem Schloß ruhig und ohne Sorge leben. Aber in der Nähe seines Schlosses stand eine Windmühle. Bei[69] Tag und bei Nacht hörte der König den lauten Lärm[70] der Mühle. Der Lärm

---

[64] **gefangen** captured, caught. [65] **vom frühen Morgen bis zum späten Abend** from early in the morning until late at night. [66] **geholfen** helped.
[67] **der Müller** miller. [68] **die Mühle** mill. [69] **bei** *here* during. [70] **der Lärm** noise.

war so laut, daß Friedrich nicht schlafen konnte. Er schrieb
an den Müller und bat ihn, in sein Schloß zu kommen.
Der Müller kam vor den König.
„Bei Tag und bei Nacht höre ich den Lärm deiner Mühle",
5 sprach Friedrich. „Du mußt die Mühle aufgeben.[71] Ich
will sie kaufen. Was kostet sie?"
Der Müller antwortete: „Niemand wird meine Mühle
kaufen, denn ich will sie behalten.[72] Mein Vater und mein
Großvater haben in dieser Mühle gewohnt.[73] Mein Sohn
10 soll auch dort wohnen, und auch er soll sie behalten. Meine
Mühle kauft niemand."
Der König war nicht zufrieden mit dieser Antwort und
sagte: „Du mußt die Mühle aufgeben, ich kaufe sie. Vergiß
nicht, ich bin dein König!"
15 „Ich fürchte mich nicht vor dir", sagte der Müller, „in
Berlin gibt es Richter!"[74] Er sagte es, stand auf und ging aus
dem Schloß.
Der König war erstaunt über diese Antwort, aber er erlaubte[75] dem Müller, seine Mühle zu behalten. Noch heute
20 steht sie in der Nähe von „Sans souci".

12. FRIEDRICH DER GROßE
UND DER KAFFEE

Eine Anekdote erzählt: Im Jahre 1781 (siebzehnhundertein-
undachtzig) waren die Berliner sehr böse auf ihren König,
denn Friedrich wollte nicht erlauben, daß sie Kaffee in England und anderen fremden Ländern kauften; er wollte das
25 Geld im Lande behalten. Die Berliner sollten Wasser,
Milch, Bier oder Wein trinken. Aber sie tranken Kaffee sehr
gerne und waren darum sehr böse. Sie wollten ihren Kaffee
trinken.
Eines Tages ritt Friedrich mit einem seiner Diener durch
30 die Straßen von Berlin. Er ritt durch viele Straßen und kam

---

[71] **aufgeben** give up; abandon. [72] **behalten** keep, retain. [73] **gewohnt**
lived, dwelled. [74] **der Richter** judge. [75] **erlauben** allow, permit.

endlich auf einen großen, freien Platz. Vor einem Haus
standen viele Leute und sahen ein Bild an. Das Bild hing
hoch an einer Mauer des Hauses.

Der König wollte das Bild sehen und ritt näher. Als er
5 nahe genug an der Mauer war, sah er auf dem Bild sich
selbst. Er saß auf einem Stuhl. Zwischen den Knien hielt
er eine große Kaffeemühle.[76] Er mahlte[77] Kaffee. Es war
eine Karikatur des Königs.

Der König sah das Bild lange an. Endlich lachte er und
10 rief mit lauter Stimme: „Warum hängt das Bild so hoch?
Hängt es tiefer,[78] tief genug, daß man es sehen kann."

Die Berliner zerrissen das Bild in Stücke und freuten sich
über den guten Humor ihres Königs. Der König ritt zufrieden nach Hause, aber von jetzt an schmeckte ihm sein
15 Kaffee nicht so gut wie früher.

13. MOZART

Der Vater Mozarts kam eines Abends[79] nach Hause und fand
seinen kleinen Sohn fleißig bei der Arbeit.[80] Mozart war

---

[76] **die Kaffeemühle** coffee grinder. [77] **mahlen** grind. [78] **tief** deep, low.
[79] **eines Abends** one evening. [80] **bei der Arbeit** at work.

noch nicht sieben Jahre alt.   Der Junge saß an einem Platz
beim Fenster, hielt ein großes Stück Papier auf den Knien
und schrieb.   Er fand seine Arbeit sehr interessant, denn er
hörte nicht, daß der Vater ins Zimmer kam.

5   „Was tust du da?" fragte der Vater.

„Ich schreibe ein Konzert für Klavier",[81] antwortete der
kleine Junge.

„Zeig es mir", bat der Vater.

„Es ist noch nicht fertig", antwortete der Junge.

10   Der Vater nahm das Stück Papier und war sehr erstaunt.
Er fand das Konzert für Klavier sehr interessant.   Alles war
gut und richtig, nur war alles viel zu schwer.   Niemand
konnte es spielen.

„Es ist gut", sagte der Vater zu dem Jungen, „aber es ist
15   viel zu schwer.   Niemand kann es spielen."

„Nichts ist zu schwer", antwortete der kleine Sohn.   „Man
muß arbeiten, Vater, und fleißig sein, bis man es spielen
kann."

Als der kleine Mozart groß war, wurde er in der ganzen
20   Welt berühmt.   Er konnte die schwersten Konzerte leicht
spielen.

14.   MOZART UND DAS KOMPONIEREN[82]

Mozart kam auf einer Reise durch Deutschland in das Haus
eines Freundes.   Der kleine Sohn dieses Freundes war noch
sehr jung, aber schon ein berühmter Klavierspieler.[83]   Oft
25   reiste er durch das ganze Land und gab Konzerte.

Der Vater des kleinen Klavierspielers ging mit Mozart in
das Musikzimmer.   Der Junge setzte sich ans Klavier und
spielte.   Mozart hörte den Jungen spielen und sagte: „Nicht
schlecht!"

30   „Oh", sagte der Junge zu Mozart, „ich weiß, daß ich
spielen kann, aber ich will viel mehr als spielen.   Ich will

---

[81] **das Klavie′r** piano.   [82] **komponie′ren** compose; **das Komponie′ren**
composition, composing (writing) of music.   [83] **der Klavie′rspieler** pianist.

selbst komponieren. Ich will ein Konzert für Klavier
schreiben. Sagen Sie mir, was ich tun muß."
„Nichts", sagte Mozart. „Du mußt arbeiten, fleißig
sein—und warten."
5 „Warum warten?" fragte der kleine Klavierspieler. „Sie
waren viel früher Komponist."
„Mit dem Komponieren ist es so", sagte Mozart. „Wenn
man viel zu sagen hat und es sagen kann, dann schreibt man
und fragt niemand."
10 Der Junge verstand Mozart nicht und fragte: „Gibt es denn
keine Bücher über das Komponieren von Konzerten für Klavier?"
„Natürlich gibt es solche Bücher", antwortete Mozart,
„aber das Komponieren lernst du nicht durch Bücher".
15 Dann zeigte er auf Ohr, Kopf und Herz und sagte:
„Hier muß es sein, hier muß es sein, und da muß es sein;
und wenn es hier und da nicht ist, helfen dir alle Bücher der
Welt gar nichts."

EXERCISES

1–3

A. *Answer the following questions with* **ja** *or* **nein**.

1. Aß der König mit gutem Appetit?
2. Waren Eier selten in diesem Dorf?
3. Hatte der Student Angst vor dem Examen?
4. Bezahlte die Professorin alles?
5. Gaben die Kinder dem Elefanten etwas zu essen?
6. Gab der Elefant dem Professor sein Fünfmarkstück zurück?

B. *Answer the following questions.*

1. Wo aß der König auf seiner Reise?
2. Warum war der König erstaunt, als er bezahlen wollte?
3. Warum fürchtete der Student sich vor dem nächsten Morgen?
4. Was wollte der Student wissen?
5. Was sagte der Student zu den Kindern im Zoo?
6. Was machte der Elefant mit dem Fünfmarkstück?

4–5

A. *Answer the following questions with* **ja** *or* **nein.**

1. Hat der kleine Karl Humor?
2. Sind das Fenster und der Tisch abstrakt?
3. Verlor der König auf der Jagd sein Pferd?
4. Zerbrach der Schmied das Goldstück?

B. *Answer the following questions.*

1. Was sagte Karlchen über seinen Großvater?
2. Was für ein Beispiel gab Karlchen für die Wörter „konkret" und „abstrakt"?
3. Was dachte Karlchen, als er die Nummer seines Wagens sah?
4. Warum suchte der König einen Schmied?
5. Was tat der König mit dem Eisen?
6. Von wem erzählt man diese Anekdote?

6–7

A. *Answer the following questions with* **ja** *or* **nein.**

1. War Moses Mendelssohn ein Komponist?
2. Kam Mendelssohn um 7 Uhr zum Abendessen?
3. Legte Mendelssohn den Brief unter seinen Teller?

B. *Answer the following questions.*

1. Was sagte Friedrich der Große, als er auf Mendelssohn wartete?
2. Was tat Mendelssohn, als er endlich kam?
3. Welche Worte las Mendelssohn mit lauter Stimme?
4. Wer war Abraham Mendelssohn?

8–10

A. *Answer the following questions with* **ja** *or* **nein.**

1. Waren die Söhne des Bauern gute Freunde?
2. Zerbrachen die Söhne die Stöcke?
3. War der junge Maler mit seiner Kunst zufrieden?
4. Zerriß der junge Maler sein bestes Bild?
5. Fingen die Soldaten den Sohn eines reichen Herrn?
6. Gefielen dem König die Worte der Frau?

B. *Answer the following questions.*

1. Worauf wartete der Nachbar des Bauern?
2. Wie zerbrach der Vater die Stöcke?
3. Warum arbeitete der junge Maler nicht mehr?
4. In welchem Land wohnte der junge Maler?
5. Was sagte die arme Frau über die Prinzen?

11—12

A. *Answer the following questions with* **ja** *or* **nein.**

1. Stand die Windmühle weit von dem Schloß des Königs?
2. Hörte der König den Lärm der Mühle?
3. Wollten die Berliner Wasser und Milch trinken?
4. Freuten sich die Berliner über den Humor des Königs?

B. *Answer the following questions.*

1. Was heißt „Sans souci" auf deutsch?
2. Warum fürchtete der Müller sich nicht vor dem König?
3. Was erlaubte der König dem Müller?
4. Warum waren die Berliner böse auf den König?
5. Warum standen viele Leute vor einem Haus?
6. Was für ein Bild sah der König?

13—14

A. *Answer the following questions with* **ja** *or* **nein.**

1. Fand Mozarts Vater seinen Sohn bei der Arbeit?
2. Malte Mozart ein Bild?
3. Ging der Vater des Klavierspielers mit Mozart in die Küche?
4. Gibt es keine Bücher über das Komponieren?

B. *Answer the following questions.*

1. Was für ein Konzert schrieb der kleine Junge?
2. Wie gefiel dem Vater das Konzert seines Sohnes?
3. Wen besuchte Mozart auf einer Reise durch Deutschland?
4. Was wollte der Sohn des Freundes gern tun?
5. Was sagte Mozart über das Komponieren?

15. DIE FRAU MACHT ALLES

Johann Sebastian Bach war ein guter Komponist, aber er ließ
seine Frau alle Arbeit im Haus allein machen. Das war
auch schwer genug, denn sie hatten viele Kinder. Die arme
Frau mußte nicht nur das Essen machen und alles andere,
5   was Frauen seit Tausenden von Jahren für ihre Männer tun
müssen, sondern sie mußte auch jede Woche in die Stadt
gehen, um alles zu bezahlen, was ihr Mann kaufte. Und er
kaufte oft etwas, ohne zu wissen, ob sie genug Geld hatten
oder nicht.
10   Als die Frau starb, wußte der arme Bach nicht, was er tun
sollte. Er blieb still und allein in seinem Haus und versuchte, an seine Musik zu denken. Er wollte als Geschenk[1]
für seine Frau etwas ganz Schönes komponieren. Er setzte
sich hin, und begann zu schreiben. Bald dachte er nur noch
15   an seine Musik. In diesem Augenblick kam ein Diener ins
Zimmer. Frau Bach sollte man am nächsten Tag zur letzten
Ruhe[2] tragen, und der Diener wollte wissen, was für Blumen
sie kaufen sollten. Er ging zu dem Komponisten und fragte:
,,Bitte, Herr Bach, soll ich Rosen kaufen, oder gefällt Ihnen
20   etwas anderes besser?``
Bach schrieb weiter und antwortete: ,,Ich weiß nicht, frag
meine Frau.``

16. DIE KLUGE FRAU

Eine Tochter wollte ihrer alten, kranken Mutter helfen und
schickte ihr 1000 Mark. Als ein Diener das Geld brachte,
25   kam der Nachbar der alten Frau gerade zu Besuch.[3] Er war
ein fauler Mensch und dachte, als er das viele Geld sah:
,,Die Nachbarin ist eine alte und schwache Frau. Sie kann
auch nicht gut sehen und geht sehr langsam, es wird leicht
sein, ihr das Geld wegzunehmen.``

---

[1] **das Geschenk** present; **als Geschenk** as a present.   [2] **die Ruhe** rest,
quiet; *verb:* **ruhen; zur letzten Ruhe tragen** carry to (her) last resting
place.   [3] **zu Besuch** for a visit.

Zu der Frau aber sagte er sehr freundlich: „Sie müssen sehr glücklich sein, denn Sie haben eine gute Tochter. In dieser Stadt gibt es wenige gute Menschen, aber viele böse Diebe. Gestern war ein Dieb in meinem Haus, aber ich hatte mein Geld gut im Garten versteckt, und er konnte es nicht finden."

Als der Nachbar nach Hause ging, dachte die alte Frau, daß sie ihre 1000 Mark auch verstecken sollte. Sie ließ 500 Mark unter dem Bett und versteckte die anderen 500 Mark im Garten neben dem großen Apfelbaum. Der Nachbar sah das, denn vom Küchenfenster konnte er in den Garten der alten Frau sehen. Als es dunkel war, ging er leise in den Garten und kam mit den 500 Mark zurück in sein Haus. Am nächsten Tag sah die alte Frau, daß jemand an ihrem Apfelbaum gewesen war.[4] Als sie sah, daß ihr Geld weg war, wurde sie böse und dachte: „Nur mein Nachbar wußte, daß ich viel Geld hatte. Er muß der Dieb sein. Aber der Lump wird es nicht behalten. Ich habe eine gute Idee." Am Abend ging sie zu ihrem Nachbarn und sagte sehr freundlich: „Können Sie mir sagen, was ich tun soll? Ich habe 500 Mark gut im Garten versteckt, die anderen 500 Mark sind noch in meinem Haus. Glauben Sie, daß es besser ist, sie zu den 500 Mark im Garten zu legen?"

Der Nachbar freute sich, daß die Frau nicht wußte, daß ihr Geld nicht mehr im Garten war und sagte: „Ja, liebe Nachbarin, ich glaube, daß das eine gute Idee ist. Tun Sie das morgen früh,[5] wenn es hell ist." Spät am Abend ging der Nachbar wieder in den Garten und legte die 500 Mark zurück, denn er wollte nicht nur die 500 Mark, sondern die ganzen 1000 Mark haben.

Als die Frau am nächsten Morgen wieder zum Apfelbaum ging und dort die 500 Mark fand, steckte sie das Geld Schnell in ihre Tasche, sah zum Haus ihres Nachbarn und lachte laut. „Ich bin alt und schwach, Nachbar", rief sie, „aber dumm bin ich nicht!"

---

[4] **gewesen war** had been.   [5] **morgen früh** tomorrow morning.

17. DAS SCHLARAFFENLAND

Das Wort „Schlaraffe" kommt vielleicht von „schlaff".
„Schlaff" heißt so viel wie „nicht fleißig", oder besser
„faul". Schlaraffenland bedeutet also „das Land der
schlaffen oder faulen Menschen". Von diesem wunderbaren Land will ich jetzt erzählen.

In diesem Land kostet nichts sehr viel. Alles kostet sehr
wenig. Was in Deutschland 100 Mark kostet, das bekommt
man dort für eine Mark.

Um jedes Haus steht eine Mauer, und diese Mauer ist aus
Pfannkuchen. Jeder kann an die Mauer gehen und so viele
Pfannkuchen essen, wie er will.

In den Bächen[6] und Flüssen fließt[7] guter Wein. Wer
durstig ist, geht an einen Bach oder Fluß und trinkt den
besten, ältesten Wein.

An hohen, schönen Bäumen hängen im Frühling,
Sommer, Herbst und Winter jeden Tag frische Brote. Unter
den Bäumen fließen Bäche. In einigen dieser Bäche fließt
das ganze Jahr lang frische Milch. Viele von den Broten
fallen von den Bäumen in die Milchbäche, so daß man harte
und weiche Brote essen kann, ganz wie man will.

Die Fische schwimmen oben auf dem Wasser,[8] ganz nahe
am Land. Die Fische sind fertig zum Essen, sie sind gebacken und gebraten.[9] Wer faul oder müde[10] ist oder keine
Zeit hat, ruft die Fische, und diese kommen aus dem Wasser
an das Land und springen dem armen, müden Menschen in
die Hand oder in den Mund.

Die Vögel sitzen auf den Bäumen und sind fertig zum
Essen. Sie sind alle gebacken und gebraten, Hähne,[11]
Hennen und viele andere Vögel. Wenn man zu müde oder
zu faul ist, oder wenn man keine Zeit hat, einen gebackenen
oder gebratenen Vogel zu nehmen, dann öffnet man den
Mund, und das gebackene Hähnchen fliegt ganz langsam in
den Mund hinein.[12]

---

[6] **der Bach** brook, creek. [7] **fließen** flow. [8] **oben auf dem Wasser
schwimmen** float on (the surface of) the water. [9] **backen** bake; **braten**
fry; **gebacken und gebraten** baked and fried. [10] **müde** tired. [11] **der Hahn**
rooster. [12] **in den Mund hinein** into the mouth.

Im Wald sind viele kleine Schweinchen. Auch diese
Schweinchen sind fertig gebacken und gebraten und ganz
fertig zum Essen. Jedes Schweinchen hat im Rücken ein
Messer[13] und eine Gabel.[14] Man nimmt Messer und Gabel
5 und beginnt sofort zu essen.

Der Käse hängt im Schlaraffenland auf den Bäumen. So
viel Käse gibt es im Schlaraffenland, daß die Menschen der
ganzen Welt ihn nicht essen können.

Alle Steine sind aus Zucker.[15] Auch der Schnee ist aus
10 Zucker. Wenn es regnet, regnet es Honig.

Geld oder Gold braucht man nicht im Land der Schla-
raffen. Wer Geld oder Gold wünscht, geht an einen Baum
und ruft. Dann fallen Silbertaler und Goldstücke herab, so
viel man wünscht. Aber nicht nur Silbertaler und
15 Goldstücke läßt der Baum fallen, sondern auch die schönsten Kleider[16] und Schuhe. Schönere Kleider und Schuhe,
als auf diesen Bäumen hängen, gibt es nicht in dieser Welt.

An den Bäumen hängen auch Diamanten. Wenn man
nicht zu müde ist, kann man Diamanten in die Taschen stek-
20 ken, bis sie voll sind.

Wunderbar ist auch das Wasser im Schlaraffenland. Wer
müde, schwach oder krank ist, springt in einen Teich, Bach
oder Fluß, badet ein wenig und ist auf einmal wieder gesund
und stark. Wenn man so alt ist wie ein Großvater oder eine
25 Großmutter, steigt man ins Wasser und kommt jung wieder
heraus.

Wer in dieser Welt kein Glück im Spiel[17] hat und immer
verliert, gewinnt[18] im Schlaraffenland immer. Er kann nicht
verlieren. Er gewinnt alles, was er wünscht.

30 Für Schlafmützen[19] ist das Land am besten. Wer gerne
schläft, wird reich, sehr reich, denn für jede Stunde Schlaf
bekommt er ein Goldstück. Wenn eine Schlafmütze Karten
spielt und im Kartenspiel verliert, fällt das Geld sofort
wieder in die Taschen zurück.

---

[13] **das Messer** knife. [14] **die Gabel** fork. [15] **aus Zucker** made of sugar.
[16] **das Kleid** dress, garment; **die Kleider** clothes. [17] **das Spiel** play; game;
das Glück im Spiel luck at gambling. [18] **gewinnen** win.
[19] **die Schlafmütze** sleepyhead.

Der Dieb, der Dummkopf[20] und die Schlafmütze werden
dort schnell berühmt.   Wer aber am dümmsten ist, und wer
am besten schlafen und essen kann, der[21] wird sehr bald der
König des schönen Schlaraffenlandes.

18. DAS GESCHENK

5 Ein großer Herr ritt auf die Jagd.   Im Wald verlor er den
Weg und kam spät am Abend in das kleine Haus eines armen
Bauern.   Der Bauer selbst war nicht zu Hause.   Die Bäuerin
empfing den Herrn sehr freundlich und sagte zu ihm: „Wir
sind arme Bauern, Herr, wir haben nichts als ein wenig
10 Gemüse in unserem Garten, das ist unser Essen; und wir
haben nichts als einen Stall[22] mit Stroh,[23] das ist das Schlafzimmer für unsere Gäste."   Der Herr antwortete: „Alles,
was ihr mir geben könnt, ist gut und schön."

Die Frau brachte das Abendessen auf den Tisch.   Der
15 Herr war sehr hungrig und fand das Gemüse besser als das
beste Essen in der Stadt.   Nach dem Abendessen ging er sofort in den Stall und legte sich aufs Stroh.   Er war sehr müde
und schlief auf dem Stroh im Stall besser als in seinem wei-
chen Federbett zu Hause.   Spät am nächsten Morgen er-
20 wachte[24] er.   Er stand auf und stieg sofort auf sein Pferd.
Dann gab er der Bäuerin ein Goldstück, dankte für das gute
Essen und das gute Bett auf dem Stroh im Stall und sagte:
„Auf Wiedersehen!"

Am nächsten Tag kam der Bauer nach Hause.   Die Frau
25 erzählte ihm von dem Gast und zeigte ihm das Goldstück.
Der Bauer wußte sofort, daß der Gast der König selbst
gewesen war.   Er freute sich, weil der König zufrieden
gewesen war mit dem Gemüse aus seinem Garten und dem
Bett auf dem Stroh in seinem Stall.   „Aber", sagte er, „ein
30 Goldstück für ein wenig Gemüse und ein wenig Stroh ist

---

[20] der **Dummkopf** blockhead. [21] **der** he. [22] **der Stall** stable, barn. [23] **das
Stroh** straw. [24] **erwachen** awake.

viel zu viel.   Ich bringe unserem König noch ein Körbchen Gemüse."[25]

Sofort machte er einen Korb mit Gemüse fertig und machte sich auf den Weg zum Schloß des Königs.   Die Diener wollten ihn zuerst nicht ins Schloß lassen.   Aber da sagte der Bauer: „Ich will nichts von unserem König.   Ich will ihm nur etwas bringen; ich will ihm etwas schenken,[26] ich will nichts von ihm."

Der Bauer kam vor den König und sagte: „Herr, du findest das Gemüse in meinem Garten sehr gut.   Du hast meiner Frau ein Goldstück geschenkt[27] für ein wenig Gemüse und ein Bett auf dem Stroh in unserem Stall.   Dein Geschenk ist zu groß.   Darum bringe ich dir noch einen Korb mit Gemüse.   Hier ist er.   Ich wünsche dir guten Appetit."

Diese Worte gefielen dem König sehr, und weil er gerade[28] einen guten Tag hatte, schenkte er dem Bauern viel Land und ein schönes Haus.

Nun hatte der Bauer einen reichen Bruder.   Dieser hörte von dem Geschenk des Königs und dachte: „Ein solches Geschenk brauche ich auch.   Ich habe ein Pferd im Stall und gerade dieses Pferd gefällt dem König sehr gut.   Er wollte es einmal kaufen, aber ich wollte zu viel Geld dafür[29] haben. Ich gehe jetzt auf sein Schloß und bringe ihm gerade dieses

---

[25] **ein Körbchen Gemüse** a small basket of vegetables.   [26] **schenken** give, present, make a present.   [27] **geschenkt** given (as a present).   [28] **gerade** just, straight.   [29] **dafür** for it.

Pferd. Er gibt viel Land und ein schönes Haus für einen
Korb Gemüse; er wird viel mehr für mein Pferd geben."

So nahm er sein Pferd aus dem Stall und brachte es vor das
Schloß des Königs. „Ich weiß, o König", sagte er, „daß dir
5 dieses Pferd gut gefällt. Für Geld und gute Worte will ich
es nicht aufgeben, aber ich gebe es dir als Geschenk;[30] ich
schenke es dir."

Der König war ein kluger Mann und wußte sofort, was für
ein Mensch der Bruder des armen Bauern war und was er
10 wollte. Darum sagte er: „Das ist schön von dir.[31] Ich
nehme dein Geschenk sehr gerne an.[32] Was aber soll ich dir
für dein schönes Pferd geben, wenn ich es annehme?
Warte! Ich weiß, was ich dir geben kann. Hier ist ein Korb
Gemüse. Das Gemüse ist frisch aus dem Garten. Ich finde
15 es besser als das beste Essen in meinem Schloß. Mit
diesem Körbchen bezahle ich dein Pferd sehr gut, denn es
kostete mich viel Land und ein schönes Haus." Dann gab
er dem Mann das Körbchen und wünschte ihm guten Appetit.

19. DER KLEINE VOGEL

20 Ein Mann und eine Frau wohnten in einem schönen kleinen
Haus. Sie hatten alles, was sie wünschten,[33] und sie lebten
glücklich und zufrieden miteinander. Hinter dem Haus war
ein Garten mit schönen Bäumen und den schönsten und sel-
tensten Blumen.

25 Eines Tages ging der Mann in den Garten und freute sich
über die schönen Bäume und Rosen. „Was für ein glück-
licher und zufriedener Mensch ich bin", dachte er, „denn
ich habe die beste, schönste und klügste Frau der Welt und
den schönsten Garten der Welt".

30 Während er dieses dachte, sah er etwas zu seinen Füßen.[34]
Er hatte schlechte Augen und seine Brille war im Haus. Er

---

[30] **als Geschenk** as a present. [31] **das ist schön von dir** that is nice of you.
[32] **annehmen** accept. [33] **alles, was sie wünschten** all they wished for.
[34] **zu seinen Füßen** at his feet.

sah nicht, was es war. Darum legte er sich auf die Knie, sah
auf das Gras und entdeckte einen kleinen Vogel. Der Vogel
war noch sehr klein und konnte noch nicht fliegen. Er nahm
ihn in die Hand, hob ihn auf, sah ihn an und trug ihn zu
5   seiner Frau.
„Liebe Frau", sagte er, „sieh, was ich hier habe. Eine
schöne kleine Nachtigall lag in unserem Garten im Gras. Sie
kann noch nicht fliegen."
„Eine Nachtigall", antwortete die Frau, „das kann nicht
10   sein. Ich kenne alle Vögel in unserem Garten. Ich kenne
jedes Nest auf unseren Bäumen. In unserem Garten wohnt
keine Nachtigall."
„Natürlich ist es eine Nachtigall", antwortete der Mann.
„Ich höre jeden Tag eine Nachtigall in unseren Bäumen.
15   Wie schön wird es sein, wenn diese kleine Nachtigall auch
groß wird und zu singen beginnt! Du weißt, ich höre die
Nachtigallen so gerne."
„Nein", sagte die Frau, „vielleicht hörst du die Nachtigall
im. Garten unseres Nachbarn. In unseren Bäumen wohnt
20   keine Nachtigall. Keine Nachtigall hat ein Nest in unserem
Garten."
„Doch, doch",[35] sagte der Mann, „nun sehe ich es ganz
genau!" Und er hielt den Vogel nahe an die Augen und sah
ihn wieder an.
25   Da kam die Frau näher, sah den Vogel auch an und lachte:
„Mein guter Mann, weißt du, was für ein Vogel das ist? Ein
Sperling[36] ist es, nichts als ein junger Sperling! Du solltest
nicht immer vergessen, deine Brille zu tragen."
„Liebe Frau", antwortete der Mann und wurde schon ein
30   wenig böse; „wie kannst du denken, daß ich nicht weiß, was
eine Nachtigall und was ein Sperling ist? Du weißt, daß ich
eine Brille nur brauche, wenn ich lese."
Die Frau wußte, daß er die Brille auch brauchte, wenn er
nicht las. Er dachte aber, daß er ohne Brille besser aussah,
35   und er trug sie nicht gern. Sie wollte ihn aber nicht böser
machen, als er schon war. Sie sagte also: „Aber ich bitte

---

[35] **doch** *here* yes indeed.   [36] **der Sperling** sparrow.

dich,[37] hat denn eine Nachtigall solch einen breiten
Schnabel und solch einen dicken Kopf?"

„Ja, das hat sie, und es ist eine Nachtigall!"

„Ich sage dir aber, daß es keine Nachtigall ist, sondern ein
5 Sperling. Hörst du nicht, was er sagt? Er sagt: ,Piep!'
Eine Nachtigall sagt nicht: ,Piep!' Eine Nachtigall singt!"

„Junge Nachtigallen sagen auch: ,Piep!'"

Und so ging es weiter, bis sie sich stritten. Endlich ging
der Mann aus dem Zimmer und holte einen kleinen Käfig.[38]
10 „Du willst mir einen Sperling ins Zimmer setzen?" rief
die Frau. „Ich will ihn nicht im Zimmer und nicht im Haus
haben. Ich will ihn nicht, hörst du?"

„Wer ist Herr im Hause, du oder ich?" sagte der Mann.
„Die Nachtigall bleibt hier!" Dann setzte er den kleinen
15 Vogel in den Käfig und gab ihm etwas zu fressen. Der Vogel
fraß mit großem Appetit.

Während des Abendessens saßen Mann und Frau am
Tisch und sprachen kein Wort miteinander.

Am nächsten Morgen sagte die Frau ganz früh zu ihrem
20 Mann: „Lieber Mann, du tust mir unrecht. Auch dir selbst
und dem kleinen Vogel tust du unrecht. Uns allen tust du
unrecht. Deine Nachtigall ist ein Sperling. Erlaube mir,
daß ich ihn fliegen lasse."

„Was?" schrie der Mann, „wenn du die Nachtigall fliegen
25 läßt, gehe ich aus dem Haus, und nie wirst du mich wiedersehen."

„Und wenn du den Sperling im Haus behältst, geh ich aus
dem Haus, und nie wirst du mich wiedersehen", schrie die
Frau zurück.

30 So stritten sie miteinander zwei ganze Wochen lang,[39] und
das Glück wohnte nicht mehr in dem kleinen Haus. Der
Mann sprach kein Wort mit seiner Frau, die Frau sprach kein
Wort mit ihrem Mann. Nur einer im Haus war glücklich, und
das war der kleine Vogel. Er bekam von dem Mann viel zu
35 fressen und wurde immer größer und immer fetter. Seine
Federn wurden voller und dicker. Er saß im Käfig und war

---

[37] **ich bitte dich** I ask you. [38] **der Käfig** cage. [39] **zwei ganze Wochen lang**
for two whole weeks.

froh und zufrieden. Er zog den Kopf in die Federn und sagte: „Piep" wie ein richtiger junger Sperling. Und immer wenn er „Piep" sagte, sah die Frau ihren Mann böse an.

Eines Tages war der Mann nicht zu Hause. Die Frau saß
5 allein im Zimmer und dachte: „Wie glücklich und zufrieden waren wir doch vom frühen Morgen bis zum späten Abend, und nun ist alles zu Ende. Warum? Wegen[40] eines dummen Vogels, und dieser Vogel ist nichts als ein Sperling wie tausend andere auf den Straßen." Auf einmal sprang sie
10 auf, lief an den Käfig, öffnete ihn und nahm den Vogel heraus. Dann trat[41] sie ans Fenster und ließ ihn vom Fenster in den Garten springen.

In diesem Augenblick kam der Mann nach Hause und trat ins Zimmer.
15 „Lieber Mann", sagte die Frau und trat zu ihm. „Ein Unglück[42] ist geschehen, ein großes Unglück!"

„Was ist denn geschehen?" fragte der Mann.

„Ein Unglück ist geschehen. Die Katze hat deinen Vogel gefressen."[43]
20 „Die Katze hat die Nachtigall gefressen?" schrie der Mann, „gefressen? die Katze? die Nachtigall? Das kann nicht sein. Der Vogel war im Käfig. Du hast den Käfig geöffnet.[44] Du hast die Nachtigall aus dem Käfig fliegen lassen. Du bist eine schlechte Frau. Nun ist alles zu Ende.
25 Nun gehe ich aus dem Haus, und nie siehst du mich wieder!"

Wie die Frau dieses hörte, dachte sie: „Schön! Gut! Wenn der dumme Mensch aus dem Haus gehen will, soll er doch gehen. Aber er soll seinen dummen Sperling mit-
30 nehmen und warten, bis er singt, wie eine Nachtigall." Sie lief schnell in den Garten, um zu sehen, ob sie den Vogel noch fangen konnte. Und richtig, auf dem Weg sprang das Vögelchen hin und her, denn es konnte noch nicht fliegen.

Die Frau wollte den Vogel fangen. Er lief immer weiter,
35 von Busch zu Busch, in die Blumen, hinter das Gemüse und

---

[40] **wegen** because of. [41] **treten** step. [42] **das Unglück** accident. [43] **gefressen** eaten. [44] **geöffnet** opened.

von einem Ende des Gartens zum anderen. Endlich fing sie
ihn, steckte ihn in den Käfig und ging ins Zimmer. „Mann",
sagte sie, „hier ist deine Nachtigall. Behalte sie, wenn du
willst, und geh, denn ich sehe, daß diese Nachtigall dir
5 lieber ist als in diesem Haus zu bleiben."

Er nahm den kleinen Vogel in die Hand, sah ihn an, hielt
ihn nahe vor die Augen, sah ihn von allen Seiten an und
sagte dann: „Liebe Frau, nicht ich, sondern du hattest recht.
Jetzt sehe ich es auch. Es ist ein Sperling. Jetzt sehe ich
10 genau, daß es ein Sperling ist. Meine Augen sind sehr
schlecht, ich sehe es spät, aber besser spät als nie." Dann
nahm er seine Frau in die Arme und bat: „Trag ihn wieder
in den Garten und laß ihn fliegen. Er hat uns zwei Wochen
lang sehr unglücklich[45] gemacht, der dumme Sperling."
15 „Nein", antwortete die Frau, „er kann noch nicht fliegen.
Wenn wir ihn in den Garten bringen, fängt ihn die Katze.
Wir wollen ihn noch einige Tage behalten, und wenn seine
Federn länger und dicker werden, dann lassen wir ihn
fliegen."
20 Und so geschah es.

Der Mann hatte nicht nur gelernt, daß ein Sperling keine
Nachtigall ist, sondern auch, daß der „Herr im Haus" nicht
immer recht hat.

20. DES ESELS SCHATTEN[46]

Gestern war mein Vetter bei mir zu Besuch. Mein Vetter
25 reist viel und hat Interessantes von seinen Reisen zu
erzählen. Gestern erzählte er mir die Geschichte[47] von des
Esels Schatten.

„Die Geschichte von des Esels Schatten ist sehr interessant", erzählte mein Vetter. „Ich wollte einmal von Rom
30 nach Tivoli reisen. Tivoli ist eine kleine Stadt in den
Bergen. Der Weg von Rom nach Tivoli ist ungefähr[48] vier

---

[45] **unglücklich** unhappy. [46] **der Schatten** shadow. [47] **die Geschichte** story,
history. [48] **ungefähr** about, approximately.

Meilen weit, und darum wollte ich nicht gehen, sondern reiten. Ich ging zu Antonio und bat ihn, früh am nächsten Tag mit seinem Esel zu meinem Haus zu kommen. Um ungefähr neun Uhr am nächsten Morgen hielt der Esel mit
5 seinem Herrn vor meiner Haustür. Du weißt, was für ein faules Tier solch ein Esel ist. Er folgt nicht wie das Pferd, er folgt gar nicht; man muß mit einem Stock hinter ihm gehen und ihn schlagen, denn alle Augenblicke steht er still und will schlafen oder fressen. Aber das ist wahr, solch ein Esel
10 fühlt wenig oder gar nichts. Ein Schlag[49] ist nicht genug für ihn, zwölf harte Schläge bringen ihn oft nicht von der Stelle.[50]

Ich steige auf mein Tier und reite, und Antonio läuft hinter uns und schreit: ,Vorwärts,[51] du Dummkopf! Vorwärts, du
15 fauler Esel!' Und so ging am Anfang meiner Reise alles recht gut.

Nun aber war es gerade an jenem Tag sehr heiß. Der Weg nach Tivoli ging über große, heiße Felder; da war kein Haus und kein Baum und oft nicht einmal ein Strauch[52] am Weg.
20 Der Mittag kam, die Sonne schien heiß durch meinen Strohhut,[53] und die Hitze[54] wurde immer größer. Durch die Hitze wurde der Esel immer müder, und auch ich war von der Hitze zu müde, länger auf dem Tier zu sitzen. Der Schlaf lag schwer auf meinen Augen, aber wohin ich auch
25 sah,[55] war kein Schatten; wohin ich auch sah, schien die Sonne. Auf einmal rief ich mit lauter Stimme: ,Halt!' und mein Esel blieb sofort stehen. Was das Wort ,Halt!' bedeutet, weiß ein Esel gut; was aber das Wort ,Vorwärts!' bedeutet, lernt ein Esel in seinem ganzen Leben nicht.
30 Am Weg stand ein kleiner Strauch. Ich band meinen Esel an den Strauch und dachte: ,Ich will es recht klug machen und mich in den Schatten des Esels legen und im Gras ein wenig schlafen.' Ich stieg von meinem Tier und sah einen Augenblick nach den schönen, blauen Bergen hinter uns.

---

[49] **der Schlag** blow.   [50] **von der Stelle** from the spot.   [51] **vorwärts** go on, go ahead; forward.   [52] **der Strauch** shrub.   [53] **der Hut** hat.   [54] **die Hitze** heat.
[55] **wohin ich auch sah** wherever I looked.

Dann ging ich zurück zu meinem Esel, um in seinem Schatten zu schlafen. Aber wer lag dort im Schatten des Esels und schlief? Kein anderer als Antonio. Was ich wollte, hatte er schon getan.[56]

5 Daß der Mann im Gras lag und schlief, das war schön und gut. Aber ich bezahlte doch für den Esel. Antonio und sein Esel waren für mich da, und nicht ich für den Esel und Antonio.

‚Antonio, steh auf!‘ rief ich laut. Er erwachte, machte die 10 Augen auf[57] und sah mich an. Dann machte er die Augen wieder zu,[58] legte sich auf die andere Seite und schlief weiter.

‚Antonio‘, rief ich wieder, ‚steh auf! Der Schatten des Esels gehört mir und nicht dir.‘ Dieses Mal aber machte An-15 tonio die Augen nicht auf; er sprach kein Wort und schlief weiter. Noch einmal schrie ich ihm in die Ohren: ‚Antonio, ich bezahle für den Esel, und so bezahle ich auch für seinen Schatten! Steh auf! Der Schatten gehört mir.‘

Da stand Antonio auf und rief: ‚Herr, Sie haben für den 20 Esel bezahlt, aber nicht für seinen Schatten. Wenn Sie den Schatten auch haben wollen, dann kostet das noch zehn Mark.‘

‚Was‘, schrie ich, ‚noch zehn Mark? Wenn ich einen Esel für den Tag kaufe, dann kaufe ich natürlich auch seinen 25 Schatten. Geh sofort aus dem Schatten hinaus!‘ Antonio aber legte sich wieder in den Schatten. Das war zu viel für mich. Ich nahm ihn bei den Beinen und versuchte, ihn aus dem Schatten zu ziehen. Jetzt wurde auch er böse und sprang auf. Und so wollte jeder den anderen aus dem 30 kühlen Schatten des Esels ziehen. Am Ende fielen wir beide über einen Stein. Wir fielen zur Erde und schlugen uns in der vollen Hitze der Mittagssonne, bis wir auf der heißen Erde lagen wie zwei gebratene Hähnchen.

‚Herr‘, sprach jetzt Antonio, ‚ich sehe, Sie sind so stark wie 35 ich, und ich bin so stark wie Sie. Warum streiten wir? Geben Sie mir fünf Mark, und der Schatten des Esels gehört Ihnen.‘

---

[56] **getan** done.   [57] **aufmachen** open.   [58] **zumachen** close.

Ich war zu müde, weiter zu streiten. ‚Ich glaube immer
noch, du hast unrecht, aber ich brauche den Schatten mehr
als die dummen fünf Mark. Hier, nimm sie.' Und dann gab
ich ihm die fünf Mark.

5   Antonio empfing sein Geld, und ich wollte mich nun in
den Schatten des Esels legen. Aber was sah ich? Denke
nur, der Schatten des Esels war weg und der Esel mit ihm.
Antonio war klüger gewesen als ich, aber Antonios Esel war
klüger gewesen als wir beide. Das Tier hatte den kleinen
10   Strauch aus der Erde gezogen[59] und sich auf den Weg gemacht.[60] Ganz weit weg sah ich es auf dem Weg nach Rom
langsam weiterlaufen.[61]

Als Antonio das Tier nicht auf seinem Platz sah, glaubte er
seinen Esel auf immer verloren. Er biß sich in die Finger,
15   zog sich an den Haaren, warf seinen Hut auf die Erde und
trat ihn mit den Füßen. Zu gleicher Zeit[62] schrie er: ‚O du
mein liebes Eselchen! Du warst alles, was ich hatte! Du
hattest nur einen kleinen Fehler, und das war dein dummer
Schatten!' —‚Mach doch nicht solch einen Lärm', rief ich,
20   ‚da läuft doch dein Esel ruhig nach Hause!' und ich zeigte
mit der Hand auf den Weg, wo das Tier langsam weiterlief.

Da wurde Antonio auf einmal wieder froh. Er setzte den
Hut auf den Kopf, nahm seinen Stock in die Hand und lief
dem Esel nach.[63] Nie im Leben habe ich einen Mann so
25   schnell laufen sehen, wie Antonio lief.

Da stand ich nun ganz allein in der Hitze der Mittagssonne. Was sollte ich tun? Ich wartete eine Stunde, ich
wartete zwei Stunden, aber wer nicht kam, war Antonio mit
seinem Esel. Jene zwei Stunden werde ich nie vergessen.
30   Endlich kam ein Wagen mit zwei Pferden über den Weg.
Ich gab dem Bauern ein Geldstück und nahm Platz.''

So erzählte mein Vetter. Und was lehrt die Geschichte?
Die Geschichte lehrt vielleicht dieses: Wenn es heiß ist und
wenn du einen Esel hast, so sei froh und reite. Wenn du

---

[59] **gezogen** pulled. [60] **hatte sich auf den Weg gemacht** had set out on his
way. [61] **weiterlaufen** run on, continue to run. [62] **zu gleicher Zeit** at the
same time. [63] **dem Esel nach** after the donkey.

aber um deines Esels Schatten streitest, dann verlierst du nur viel Zeit, und am Ende verlierst du vielleicht auch noch deinen Esel.[64]

EXERCISES

15–16

A. *Answer the following questions with* **ja** *or* **nein.**

1. Hatte Bachs Frau viel zu tun?
2. Wollte Bach seiner Frau als Geschenk Blumen geben?
3. War der Nachbar der alten Frau ein fleißiger Mensch?
4. Versteckte die Frau all ihr Geld in der Küche?

B. *Answer the following questions.*

1. Warum mußte Frau Bach jede Woche in die Stadt gehen?
2. Was fragte der Diener Herrn Bach?
3. Was dachte der Nachbar, als er das viele Geld sah?
4. Was tat der Nachbar, als es dunkel war?
5. Warum legte der Nachbar die 500 Mark wieder zurück?

17

A. *Answer the following questions with* **ja** *or* **nein.**

1. Bedeutet „Schlaraffenland" das „Land der fleißigen Leute"?
2. Schwimmen im Schlaraffenland die Fische oben auf dem Wasser?
3. Kann nur der Klügste König des Schlaraffenlandes werden?

B. *Answer the following questions.*

1. Woraus sind die Mauern im Schlaraffenland?
2. Was tut man, wenn man zu faul ist, sich einen Vogel zu nehmen?
3. Wie kann man Geld oder Gold bekommen?

---

[64] in the end you may lose your donkey besides.

18

A. *Answer the following questions with* **ja** *or* **nein.**

1. Hatte die Frau ein schönes Schlafzimmer für ihre Gäste?
2. Schlief der Herr gut auf dem Stroh im Stall?
3. Gab der König dem Bruder des Bauern auch ein Haus und viel Land?

B. *Answer the following questions.*

1. Wie schmeckte dem Herrn das Abendessen?
2. Was schenkte der König dem Bauern?
3. Was dachte der Bruder des Bauern?

19

A. *Answer the following questions with* **ja** *or* **nein.**

1. Konnte der Mann gut sehen?
2. Glaubte die Frau, daß der Vogel eine Nachtigall war?
3. Fraß die Katze den kleinen Vogel?

B. *Answer the following questions.*

1. Was sah der Mann eines Tages zu seinen Füßen?
2. Was tat der Mann mit dem Vogel?
3. Wie lange stritten die Frau und der Mann miteinander?
4. Was hatte der Mann am Ende gelernt?

20

A. *Answer the following questions with* **ja** *or* **nein.**

1. Hat der Vetter Interessantes zu erzählen?
2. Weiß der Esel, was das Wort „Vorwärts!" bedeutet?
3. War der Esel dümmer als die beiden Männer?

B. *Answer the following questions.*

1. Wie weit ist der Weg von Rom nach Tivoli?
2. Wo wollte der Vetter ein wenig schlafen?
3. Wieviel kostete der Schatten des Esels?
4. Was tat der Esel, während die Männer miteinander stritten?

Vocabulary Building

A. i. *Form masculine nouns from the infinitive stem of the following verbs.*

EXAMPLE: rufen *to call;* **der Ruf** *the call*

streiten	empfangen	teilen
laufen	fallen	versuchen
scheinen	kaufen	anfangen
sitzen	schlafen	beginnen
besuchen		

ii. *Form feminine nouns ending in* **-e.**

EXAMPLE: lieben *to love;* **die Liebe** *love*

reisen   stellen   suchen   ruhen

B. i. *Form compound verbs with the prefix* **aus-,** out.

EXAMPLE: schicken *to send;* **ausschicken** *to send out*

reiten	steigen	schreiben
laufen	suchen	geben
reisen	gehen	arbeiten

ii. *Form compound verbs with the prefix* **weg-,** away.

EXAMPLE: schicken *to send;* **wegschicken** *to send away*

reiten	gehen	geben
reisen	fahren	bringen

C. *Form compound verbs with* **weiter-** on, farther, continue to.

EXAMPLE: leben *live;* **weiterleben** *live on, continue to live*

backen	fahren	schwimmen
essen	laufen	reisen
suchen	gehen	reiten

Idioms Used in the Text

Da sagte der Student es **noch einmal.**

Einmal fragt ihn der Lehrer **in der Schule.**

Der kleine Karl **hat** viel **Humor.**
Wir haben ihn **schon lange.**
Er war mit seiner Kunst **ganz
und gar** zufrieden.
Er lebte **vor** mehr als **zweitau-
send Jahren.**
Er arbeitete **vom frühen Mor-
gen bis zum späten Abend.**
Er fand seinen Sohn fleißig **bei
der Arbeit.**
Er wollte **als Geschenk** für
seine Frau etwas kompon-
ieren.
Frau Bach sollte man **zur
letzten Ruhe tragen.**
Ein Nachbar kam **zu Besuch.**

Die Fische **schwimmen oben
auf dem Wasser.**
Wer kein **Glück im Spiel** hat,
gewinnt hier.
Darum sagte er: „**Das ist schön
von dir.**"
Sie hatten **alles, was** sie
wünschten.
Er sah etwas **zu seinen Füßen.**
So stritten sie **zwei** ganze **Wo-
chen lang.**
Zwölf harte Schläge bringen
ihn nicht **von der Stelle.**
Aber **wohin** ich **auch** sah, war
kein Schatten.
Zu gleicher Zeit schrie er.

Vocabulary (Part A)

die Anekdote	interessant	der Platz	vergessen
die Armee	komponieren	der Prinz	vorwärts
brechen	der Komponist	Sachsen	der Wagen
der Gast	der Meister	der Schatten	witzig
gewinnen	der Müller	das Silber	
der Huf	die Nummer	stecken	
der Humor	der Philosoph	das Stroh	

(Part B)

annehmen	einsteigen	das Hufeisen
ansehen	entdecken	der Hut
aufmachen	erlauben	die Jagd
aufstehen	erwachen	der Käfig
aussehen	erzählen	das Klavier
der Bach	die Gabel	das Kleid
behalten	gerade	der Kuchen
berühmt	geschehen	der Lärm
bezahlen	das Geschenk	lieben
braten	die Geschichte	mahlen
der Brief	Griechenland	malen
dazu	der Hahn	mehrere
der Diener	die Hitze	das Messer

müde	das Schloß	treten
die Mühle	der Schmied	ungefähr
der Nachbar	schmieden	das Unglück
die Nähe	die Sorge; sorgen	verlieren
der Richter	der Sperling	wegen
die Ruhe	der Stall	weinen
schenken	der Strauch	werfen
schicken	streiten	der Wirt
schlaffen	der Stuhl	das Wirtshaus
die Schlafmütze	der Taler	zerbrechen
der Schlag	tief	zerreißen
das Schlaraffenland	der Tod	zumachen

4 Eulenspiegel und Münchhausen

Eulenspiegel und Münchhausen

In Part 4 two rogues from German popular literature are introduced. One is Till Eulenspiegel, the first genuine folk hero in German literature who represented the aspirations of the lower classes. Till's cleverness allows him to outwit not only innkeepers but also professors at the leading universities. The real Till Eulenspiegel died around 1350, but most of the stories later attached to his name derive from the fifteenth and sixteenth centuries, periods of great upheaval in Germany.

Baron von Münchhausen (1720–1797) was an eighteenth-century adventurer, and the tall tales attributed to him were first published in 1785 in English by Rudolf Erich Raspe, a librarian who fled from his native Germany to avoid prosecution for theft. Under the playfulness it is possible to recognize the mentality of imperialism—the belief that the exotic world was ready for conquest by indomitable men of action endowed with superhuman wit, courage, and luck.

1. TILL EULENSPIEGEL

Vor vielen Jahren[1] lebte in Deutschland ein junger Bauer. Er nannte sich Till Eulenspiegel und wanderte durch das ganze Land, um die Menschen zu ärgern.[2] Er ärgerte alle Leute durch seine dummen Streiche,[3] und wenn die Leute
5 sich sehr über seine Streiche ärgerten,[2] war er zufrieden und wanderte weiter in das nächste Dorf oder in die nächste Stadt.

Den Namen Eulenspiegel erklärt man wie folgt: Eule bedeutet auf englisch *owl*, und Spiegel bedeutet *mirror*. Eu-
10 lenspiegel bedeutet also *owl's mirror*. Vielleicht hatte Till

---

[1] **vor vielen Jahren** many years ago.　[2] **ärgern** vex, annoy; tease; **sich ärgern über** take offense at, be angry at, be vexed by.　[3] **der Streich** trick, prank.

sich diesen Namen selbst gegeben, denn zu jener Zeit[4] sagte
man: Der Mensch sieht die Fehler seines Nachbarn sehr
genau, aber seine eigenen Fehler sieht er nicht. Wenn man
ihm einen Spiegel gibt, sieht er hinein, sieht sein Bild und
5 glaubt fest, daß er schön ist. Der Mensch ist nicht besser als
ein Affe[5] oder eine Eule, denn auch der Affe und die Eule
glauben fest, daß sie schön sind. Vielleicht wollte Till den
Menschen durch seine Streiche ihr wahres Bild zeigen, aber
kein schönes Bild, sondern das Bild einer Eule oder eines
10 Affen. So sagt man.

2. ALLE BAUERN UND BÄUERINNEN
KLAGEN ÜBER[6] TILL

Als Till Eulenspiegel so alt war, daß er gehen und stehen
konnte, spielte er den ganzen Tag mit den anderen Kindern.
Schon als Kind machte er witzige Streiche, so daß alle Nachbarn über ihn klagten und sprachen: „Er ist ein Schalk.‟[7]
15   Eines Tages kam der Vater zu dem Sohn und sprach zu
ihm: „Warum klagen unsere Nachbarn über dich und sagen,
daß du ein Schalk bist?‟ Eulenspiegel antwortete: „Lieber
Vater, ich tue doch niemand etwas;[8] ich will dir zeigen, daß
ich niemand etwas tue. Geh, setz dich auf dein Pferd, und
20 ich will mich hinter dich setzen und ganz still mit dir durch

---

[4] **zu jener Zeit** at that time. [5] **der Affe** ape, monkey. [6] **klagen über** complain about. [7] **der Schalk** wag, rogue. [8] **ich tue doch niemand etwas** I
do not harm anybody.

die Straßen reiten, und doch werden die dummen Bauern
über mich klagen und sagen: ‚Er ist ein Schalk!'"

Der Vater tat, was der Junge wünschte. Er stieg auf sein
Pferd und setzte seinen Sohn hinter sich. Da saß Eulen-
5 spiegel still, aber er schnitt Gesichter⁹ oder machte den Mund
auf oder steckte die Zunge heraus. Die Nachbarn und
Nachbarinnen zeigten auf ihn und sprachen: „Welch ein
Schalk!" Da sprach Eulenspiegel: „Hör, Vater, du siehst
wohl,¹⁰ daß ich still sitze und niemand etwas tue, und doch
10 sagen die Leute: ‚Welch ein Schalk.'" Da setzte der Vater
seinen lieben Sohn vor sich aufs Pferd. Eulenspiegel saß
still, aber wieder schnitt er Gesichter oder machte den Mund
auf oder steckte die Zunge heraus. Die Leute liefen zusammen und sprachen: „Seht ihr nun, was für ein kleiner
15 Schalk das ist?"

Da sprach der Vater zu seinem Sohn: „Du bist in einer
unglücklichen Stunde geboren. Du sitzt still und schweigst
und tust niemand etwas, und doch sagen die Leute, daß du
ein Schalk bist."

---

⁹ **schneiden** cut; **Gesichter schneiden** make faces. ¹⁰ **wohl** probably, I
suppose; well.

3. EULENSPIEGEL LERNT AUF DEM SEIL[11] GEHEN

Einige Jahre später zog[12] Eulenspiegels Vater mit seiner Familie in eine andere Stadt. Bald darauf[13] starb er. Da blieb die Mutter mit ihrem Sohn ganz allein, und beide waren sehr arm. Till wollte nicht in die Schule gehen und
5   nicht lernen; er machte nichts als dumme Streiche.

Eulenspiegels Mutter wohnte in einem kleinen Haus. Das Haus stand an einem Fluß. Till war jetzt neun Jahre alt. Zu dieser Zeit[14] begann er, auf dem Seil zu gehen. Zuerst tat er dieses heimlich[15] im Hause, wenn die Mutter nicht da
10   war. Einmal sah sie ihn auf dem Seil, nahm einen schweren Stock und wollte ihn schlagen. Till sah es und lief weg. Er sprang durch das Fenster und setzte sich heimlich oben auf das Dach, so daß seine Mutter ihn nicht schlagen konnte.
Nicht lange darauf fing er wieder an, auf dem Seil zu
15   gehen. Er band das eine Ende des Seiles an das höchste

---

[11] **das Seil** rope.   [12] **ziehen** *here* move, go.   [13] **darau'f** thereupon, after that.
[14] **zu dieser Zeit** at this time.   [13] **heimlich** secret(ly).

Fenster im Haus seiner Mutter und das andere Ende an ein hohes Fenster in einem Haus auf der anderen Seite des Flusses. Viele junge und alte Leute sahen das Seil und kamen an den Fluß und wollten Eulenspiegels Künste 5 sehen. Als Till nun auf dem Seil ging, kam seine Mutter aus dem Dorf zurück und sah ihn. Da ging sie heimlich ins Haus, nahm ein großes, scharfes Messer, lief an das höchste Fenster des Hauses und schnitt das Seil durch.[16] Till fiel ins Wasser. Die Bauern lachten, und die Jungen riefen: „Endlich nimmst du ein Bad! Bleib, wo du bist, und bade recht lange, denn niemand braucht ein Bad so sehr wie du.‟

4. EULENSPIEGEL UND DIE DIEBE

Eines Tages geschah es, daß Eulenspiegel mit seiner Mutter in ein Dorf zum Jahrmarkt[17] ging. Till trank, bis er genug getrunken hatte. Dann ging er und suchte eine Stelle, wo er 15 allein sein konnte, denn er wollte schlafen. Hinter einem Haus fand er einen Garten, und in dem Garten standen mehrere Bienenkörbe.[18] Einige von diesen Bienenkörben waren leer. Till legte sich heimlich in einen der leeren Körbe, um zu schlafen. Er schlief von Mittag an bis sehr 20 spät am Abend. Seine Mutter suchte ihn, konnte ihn aber nicht finden, und so dachte sie: „Till ist schon nach Hause gegangen.‟

Während der Nacht kamen zwei Diebe und wollten einen Bienenkorb stehlen.[19] Und der eine sprach ganz leise zu 25 dem anderen: „Ich habe immer gehört, daß der schwerste Bienenkorb auch der beste ist.‟ Also hoben sie die Körbe auf, den einen nach dem anderen. Als sie nun an den Korb kamen, in dem[20] Eulenspiegel lag, war das der schwerste. Da sprachen sie: „Das ist der beste; diesen wollen wir 30 stehlen.‟ Und sie hoben ihn auf und trugen ihn weg.

---

[16] **durchschneiden** cut through (in two). [17] **der Jahrmarkt** fair. [18] **der Bienenkorb** beehive. [19] **stehlen** steal. [20] **in dem** in which.

Eulenspiegel hatte gehört, was die Diebe miteinander sprachen. Es war ganz dunkel, so daß der eine Dieb den anderen nicht sehen konnte. Da steckte Till seine Hand aus dem Korb, faßte den ersten der Diebe bei den Haaren[21] und
5 zog schnell und kräftig.[22] Der Dieb ärgerte sich über seinen Freund und sprach: „Ich bin dein bester Freund und stehle mit dir, und du faßt mich bei den Haaren. Warum? Ist der Korb nicht schwer genug, du Esel?" Der zweite Dieb sagte darauf: „Du bist selbst ein Esel, und du lügst.[23] Ich trage
10 mit beiden Händen! Wie kann ich dich bei den Haaren fassen?" Eulenspiegel lachte leise und dachte: „Das Spiel kann gut werden." Und er wartete, bis sie über ein Feld gingen. Dann faßte er den zweiten Dieb bei den Haaren, zog aber noch schneller und kräftiger. Der zweite wurde
15 noch böser als der erste und sprach: „Ich gehe und trage so gut, wie ich kann, und du faßt mich bei den Haaren!" Der erste antwortete: „Du lügst! Wie kann ich dich bei den Haaren ziehen? Es ist so dunkel, daß ich dich gar nicht sehe. Auch weiß ich genau, daß du lügst und mich bei den
20 Haaren gezogen hast." So stritten sie und gingen mit dem Bienenkorb weiter.

Nicht lange darauf,[24] als sie noch immer stritten, zog Eulenspiegel den ersten noch einmal so kräftig bei den Haaren, daß sein Kopf hart gegen[25] den Korb schlug. Da wurde
25 dieser sehr böse. Er ließ den Bienenkorb fallen und schlug den anderen ins Gesicht. Aber der andere ließ den Korb auch fallen und nahm seinen Freund beim Hals. Sie fielen zusammen auf die Erde und schlugen sich, bis sie genug hatten.

30 Eulenspiegel sah aus dem Korb heraus, und als er sah, daß es noch dunkel war, legte er sich auf die andere Seite und schlief weiter, bis es heller Tag war. Dann ging er auf dem kürzesten Wege in das nächste Dorf.

---

[21] **fassen** seize, take told of; **bei den Haaren fassen** seize by the hair.
[22] **kräftig** strong(ly), vigorous(ly), powerful(ly).   [23] **lügen** lie.   [24] **nicht lange darau'f** a little later.   [25] **gegen** against.

5. EULENSPIEGEL WILL VON DEM DACH DES RATHAUSES[26] FLIEGEN

Nicht lange darauf kam Eulenspiegel nach Magdeburg und machte dort viele dumme Streiche. Und sein Name wurde so berühmt, daß die Bürger[27] von Magdeburg viel von ihm sprachen.

5　Eines Tages baten ihn die besten Bürger der Stadt, ihnen etwas Interessantes zu zeigen. Da sagte er: „Ich werde auf das Dach des Rathauses steigen, und dann werde ich von dem Dach des Rathauses herabfliegen."[28]

Die ganze Stadt sprach über Till, und jung und alt gingen
10　auf den Marktplatz,[29] um Eulenspiegels Künste zu sehen. Till stieg auf das Dach des Rathauses und hob seine Arme über den Kopf, als ob[30] er fliegen wollte. Die Leute standen auf dem Platz, machten Mund und Augen auf und glaubten, daß Till fliegen wollte.

15　Da lachte Eulenspiegel und sprach: „Ich sehe, nicht nur ich bin ein Narr,[31] die ganze Stadt Magdeburg ist voll von Narren. Ich glaube nicht, daß ihr fliegen könnt; warum glaubt ihr, daß ich es kann? Und ihr nennt mich einen Narren? Bin ich ein Vogel? Habe ich Federn? Seht ihr
20　Flügel[32] an mir? Kann jemand ohne Flügel fliegen? Nun ist es klar, daß in Magdeburg nur Narren wohnen." Und er stieg von dem Dache herab[33] auf die Straße, ließ die guten Bürger stehen und ging weiter. Einige ärgerten sich, andere aber sprachen: „Er ist ein Schalk und ein Narr, aber er
25　hat recht."

6. EULENSPIEGEL ALS ARZT

Eines Tages kam Eulenspiegel nach Nürnberg.[34] Er schrieb lange Briefe und schlug[35] sie an die Türen der Kirchen[36] und

---

[26] der Rat (council; advice) + das Haus = das Rathaus city hall, townhall.
[27] der Bürger citizen. [28] hera'bfliegen fly down. [29] der Markt (market) + der Platz (place) = der Marktplatz market place. [30] als ob as if, as though. [31] der Narr fool. [32] der Flügel wing. [33] hera'bsteigen climb down. [34] Nürnberg Nuremberg. [35] schlug here: fastened. [36] die Kirche church.

des Rathauses und nannte sich einen berühmten Arzt für alle Krankheiten.[37]   Nun war eine große Zahl kranker Menschen im neuen Krankenhaus der Stadt Nürnberg und der Direktor des Krankenhauses wollte gerne einen Teil der Kranken als geheilt[38] nach Hause schicken.   Also ging er zu dem berühmten Arzt Eulenspiegel und bat ihn, seine Kranken zu heilen.   Till sprach: „Ich will alle deine Kranken heilen, wenn du mir zweihundert Taler dafür gibst."   Der Direktor antwortete: „Zweihundert Taler will ich dir gerne bezahlen, wenn du meine Kranken heilst und wieder auf die Beine bringst."   Da sprach Till: „Wenn ich deinen Kranken nicht helfen kann und wenn ich sie nicht heile und wieder auf die Beine bringe, so sollst du mir keinen Pfennig[39] geben."   Diese Worte gefielen dem Direktor des Krankenhauses so gut, daß er Eulenspiegel sofort fünfzig Taler gab.

Also ging Till ins Krankenhaus und nahm zwei Diener mit und fragte jeden Kranken nach[40] seiner Krankheit.   Und wenn er von einem Kranken ging, sprach er immer: „Was ich dir jetzt sage, mußt du ganz und gar für dich behalten, denn niemand darf es wissen.   Versprich[41] mir, daß du schweigen wirst."   Die Kranken versprachen, keinem Menschen etwas zu sagen.   Darauf sagte er jedem: „Ich will euch alle heilen und wieder auf die Füße bringen.   Aber um dieses zu tun, muß ich einen von euch zu Pulver[42] verbrennen.[43]   Das Pulver aber gebe ich den anderen zu trinken.   Das muß ich tun.   Darum, wer der Kränkste von euch allen ist und nicht gehen kann, den[44] muß ich zu Pulver verbrennen, so daß ich den anderen helfen kann.   Ich werde mich also mit dem Direktor an die Tür des Krankenhauses stellen und mit lauter Stimme rufen: ‚Wer von euch nicht krank ist, soll sofort herauskommen!'   Vergiß es nicht, denn wer nicht kommt, den verbrenne ich zu Pulver."   So sprach Till zu jedem Kranken, und keiner wollte der Kränkste sein, und jeder versprach, aus dem Bett zu kommen.

---

[37] **krank** ill, sick; **der Kranke** patient, sick person; **die Krankheit** illness, disease; **das Krankenhaus** hospital. [38] **heilen** cure. [39] **der Pfennig** penny, cent. [40] **fragen nach** ask about. [41] **versprechen** promise. [42] **das Pulver** powder. [43] **verbrennen** burn (up). [44] him.

Als nun Eulenspiegel mit dem Direktor an der Tür des Krankenhauses stand und rief: „Wer von euch nicht krank ist, soll sofort herauskommen", da begannen alle zu laufen. Einige hatten zehn Jahre lang[45] im Bett gelegen und
5 begannen nun zu laufen. Das Krankenhaus wurde ganz und gar leer. Nun bat Till den Direktor um sein Geld und sagte, er wollte sofort weiterreisen. Man gab ihm das Geld, dankte ihm, und Till ritt weg.

Aber nach drei Tagen kamen die Kranken alle zurück und
10 klagten wieder über ihre Krankheiten. Da fragte der Direktor des Krankenhauses: „Habe ich euch nicht den berühmten Arzt Eulenspiegel geschickt? Hat er euch nicht alle geheilt und auf die Füße gebracht? Seid ihr nicht ganz allein aus dem Bett gekommen?" Die Kranken erklärten
15 nun: „Der große Arzt hat uns gesagt: ,Wer der Kränkste von euch allen ist und nicht gehen kann, den muß ich zu Pulver verbrennen.'" Nun wußte der Direktor, daß Till ein Schalk war und er selbst ein Narr. Aber Eulenspiegel war weit weg, und niemand brachte ihn zurück. Also blieben die
20 Kranken wieder im Krankenhaus, und der Direktor hatte sein Geld verloren.

7. EULENSPIEGEL BACKT EULEN
UND AFFEN

Als Eulenspiegel nun nach Hannover kam und in ein Wirtshaus ging, traf er dort einen Bäckermeister.[46] Dieser rief ihn in sein Haus und fragte ihn: „Was für ein Geselle[47] bist
25 du?" Till sprach: „Ich bin ein Bäckergeselle."[48] Da sprach der Bäckermeister: „Ich habe gerade keinen Gesellen. Willst du mir dienen?" Eulenspiegel sagte: „Ja, gerne."

Als er nun zwei Tage bei ihm gewesen war, befahl[49] der Bäcker ihm, während der Nacht allein zu backen. Eulen-

---

[45] **zehn Jahre lang** for ten years. [46] **der Bäckermeister** master baker.
[47] **der Geselle** journeyman; helper; companion. [48] **der Bäckergeselle** journeyman baker. [49] **befehlen** order, bid, command.

spiegel fragte: „Was soll ich denn backen?" Der Bäcker war
selbst ein Schalk und sprach: „Du bist ein Bäckergeselle
und fragst, was du backen sollst? Was bäckt denn ein
Bäcker, Eulen oder Affen?" Nach diesen Worten ging der
5 Bäckermeister zu Bett. Eulenspiegel aber ging in die Backstube[50] und machte die ganze Nacht Eulen und Affen, die
ganze Backstube voll, und backte sie.
    Der Bäcker stand am nächsten Morgen früh auf und wollte
seinem Gesellen helfen. Als er in die Backstube kam, fand
10 er kein Brot und keinen Kuchen, sondern nur Eulen und
Affen. Da wurde der Meister böse und sprach: „Was hast du
da gebacken?" Eulenspiegel antwortete: „Was du mir befohlen hast, Eulen und Affen." —„Was soll ich mit solchem
Brot tun?" sprach der Bäcker. „Ich kann keinen Pfennig
15 dafür bekommen!" Und er faßte ihn beim Hals und rief:
„Bezahle mir mein Brot!" Till fragte: „Gehört das Brot mir,
wenn ich dir die Milch und die Eier im Brot bezahle?" —
„Natürlich, du Narr", antwortete der Bäcker, und Eulenspiegel bezahlte ihm die Milch und die Eier im Brot. Darauf
20 legte er die gebackenen Eulen und Affen in einen Korb und
trug sie aus der Backstube ins Wirtshaus. Und er dachte:

---

[50] **die Backstube** bakehouse, bakery.

„Morgen ist Jahrmarkt. Auf einem Jahrmarkt kaufen die
Leute alles." Am nächsten Morgen nahm er seinen Korb,
stellte sich vor die Kirche, und die Leute kauften die Eulen
und Affen und gaben ihm viel mehr Geld dafür, als er dem
5 Bäckermeister gegeben hatte.

Als der Bäcker das hörte, lief er vor die Kirche, denn er
wollte, daß Eulenspiegel ihm auch das Holz und die Kohlen
bezahlen sollte. Aber Till war schon weit weg und kam nie
wieder zurück.

8. EULENSPIEGEL ANTWORTET AUF
VIELE FRAGEN AN DER
UNIVERSITÄT ROSTOCK

10 Darauf zog Eulenspiegel nach Rostock. Dort nannte er sich
einen großen Meister und einen weltberühmten, klugen
Mann. Hier schrieb er wieder lange Briefe und ließ diese
Briefe an die Türen der Kirchen, des Rathauses und der Universität schlagen.[51] In seinen Briefen sagte er: „Ich kann auf
15 alle Fragen Antwort geben, auch auf die schwersten." Den
Professoren der Universität gefiel das nicht. Und sie kamen
zusammen und hielten Rat und suchten viele schwere
Fragen für den berühmten Meister Till. Sie wollten Eulenspiegel bitten, auf die Universität zu kommen und auf
20 alle diese Fragen eine gute Antwort zu geben. Sie schickten
einen Diener zu ihm und ließen ihm sagen,[52] was geschehen
sollte. Der Diener sprach zu Till: „Wenn du auf alle Fragen
gut und richtig antwortest, bist du ein kluger Mann; wenn
deine Antworten aber schlecht oder falsch sind, darfst du
25 in Rostock nicht lehren, sondern mußt weiter wandern." Eulenspiegel antwortete dem Diener: „Sag deinen Herren, daß
ich auf alle Fragen schnell und richtig antworten werde."

Am nächsten Tag kamen alle Professoren der Universität
zusammen. Auch Eulenspiegel kam und brachte seinen
30 Wirt und mehrere Bürger und gute Gesellen mit, denn er

---

[51] ließ sie schlagen had them posted.   [52] ließen ihm sagen notified him.

fürchtete sich vor den Studenten.

Als er nun mit seinen Freunden in das Zimmer kam, wo
die Professoren saßen, befahlen sie ihm, Platz zu nehmen[53]
und auf alle Fragen richtig zu antworten.   Die erste Frage
war: „Wie viele Flaschen Wasser sind im Meer?"[54]   Eulenspiegel antwortete schnell: „Viele Bäche fließen in Flüsse,
viele Flüsse fließen ins Meer.   Laßt[55] alle Bäche und Flüsse
stillstehen, und dann werde ich euch genau sagen, wie viele
Flaschen Wasser im Meer sind."   Die Herren Professoren
aber konnten die Bäche und Flüsse nicht stillstehen lassen,
und so waren sie zufrieden.

Die zweite Frage war: „Wie viele Tage sind vergangen[56]
von Adams Zeiten bis auf[57] diesen Tag?"   Till antwortete
kurz: „Nur sieben Tage sind vergangen, denn wenn die
sieben Tage zu Ende sind, fangen andere sieben Tage an;
und so geht es bis ans Ende der Welt."

Da sagte einer der Herren: „Die dritte Frage ist: Wo ist die
Mitte der Welt?"   Eulenspiegel antwortete: „Die Mitte der
Welt ist hier, wo ich stehe.   Und wenn ihr es nicht glauben
wollt, so müßt ihr mir zeigen, daß ich unrecht habe."   Die
Professoren sagten nichts, denn sie konnten Till nicht
zeigen, daß er unrecht hatte.

Nun kam die vierte Frage: „Wie weit ist es von der Erde
bis zum Himmel?"   Eulenspiegel antwortete: „Die Erde ist
ganz nahe am Himmel.   Wenn wir auf der Erde sprechen,
kann man uns im Himmel sehr gut verstehen.   Steigt
hinauf[58] in den Himmel, und ich will euch ganz leise rufen,
und ihr werdet meine Stimme gut hören.   Wenn ihr aber
nichts hört, dann habe ich unrecht."

Endlich kam die fünfte und letzte Frage: „Wie groß ist der
Himmel?"   Till sprach: „Der Himmel ist hunderttausend
Meilen lang und hunderttausend Meilen breit.   Wenn ihr
das nicht glauben wollt, so steigt hinauf und geht vom einen
Ende des Himmels bis zum anderen; dann werdet ihr
finden, daß ich recht habe."

---

[53] **Platz nehmen** take a seat.   [54] **das Meer** ocean, sea.   [55] **lassen** *here:*
make.   [56] **vergehen** pass (away).   [57] **bis an, bis auf, bis zu** until, up to, to,
as far as.   [58] **hinau'f** up, upward.

Was sollten die armen Professoren sagen? Eulenspiegel
war ihnen zu klug. Sie sahen, daß Till ein kluger Schalk
war. Aber Till fürchtete schwerere Fragen und blieb nicht
in Rostock, sondern zog bald darauf weiter nach Erfurt.

9. EULENSPIEGEL LEHRT
EINEN ESEL

5 Als Eulenspiegel nun nach Erfurt kam, fand er auch dort
eine große, berühmte Universität. Auch in Erfurt schlug er
einen langen Brief an die Türen der Kirchen, des Rathauses
und der Universität. Die Professoren hatten schon viel von
Tills Streichen gehört und kamen zusammen und hielten
10 Rat, um sehr schwere Fragen für Eulenspiegel zu suchen.
Sie wollten es viel besser machen als die klugen Männer von
Rostock. Da sagte der klügste von ihnen: „Wir geben dem
Schalk einen Esel in die Lehre,[59] denn in Erfurt gibt es viele
Esel, alte und auch junge." Sie ließen Eulenspiegel
15 kommen[60] und sprachen zu ihm: „Meister, in deinem Brief
sagst du, daß du jeden in kurzer Zeit lesen und schreiben
lehrst. Die Herren der Universität wollen dir einen jungen
Esel in die Lehre geben. Kannst du auch ihn lehren?"
—„Ja", sprach Till, „aber dazu muß ich viel Zeit haben,
20 denn nichts ist schwerer, als einen Esel zu lehren". Und so
gaben sie ihm zwanzig Jahre Zeit. Also nahm Eulenspiegel
den neuen Studenten an.

Till zog mit seinem Esel in ein Wirtshaus und stellte
seinen jungen Studenten in einen Stall. Dann nahm er ein
25 altes Buch, legte Korn zwischen die Seiten[61] und legte dem
Esel das Buch vor die Nase.[62] Der Esel roch das Korn und
warf eine Seite nach der anderen hin und her. Wenn er aber
kein Korn mehr zwischen den Seiten des Buches fand, so
war er nicht zufrieden und schrie: „I — a, i — a!"

---

[59] **die Lehre** apprenticeship; **jemand in die Lehre geben** apprentice
someone (to somebody). [60] **kommen lassen** send for. [61] **die Seite** *here*
page. [62] **dem Esel vor die Nase = vor die Nase des Esels.**

Nun ging Eulenspiegel zu den Herren der Universität und sprach: „Wann wollen die Herren Professoren einmal sehen, was mein Student macht?" Einer der Herren fragte: „Lieber Meister, ist er fleißig? Lernt er etwas?" Eulen-
5 spiegel antwortete: „Er ist natürlich ein Esel, und natürlich ist es schwer, ihn zu lehren. Aber mit viel schwerer Arbeit habe ich ihn mehrere Buchstaben[63] gelehrt. Wenn ihr mit mir geht, so werdet ihr es sehen und hören."
   Der gute Student aber hatte seit langer Zeit nichts ge-
10 fressen. Als der große Lehrer nun mit den Professoren in den Stall kam, legte er seinem Studenten ein neues Buch vor die Nase. Der Esel warf die Seiten des Buches hin und her, um das Korn zu suchen, und als er nichts fand, begann er mit lauter Stimme zu schreien: „I — a, i — a!" Da sprach
15 Eulenspiegel: „Wie ihr seht, liebe Herren, kennt und liest mein Student schon zwei Buchstaben, die Buchstaben i und a, und natürlich wird er von nun an noch viel mehr lernen."
   Bald darauf ließ Till seinen Studenten laufen, wohin er wollte. Er selbst wanderte weiter, denn er dachte: „Wenn
20 ich alle Esel in Erfurt weise machen soll, so muß ich lehren bis an das Ende aller Zeiten."

---

[63] **der Buchstabe** letter.

10. EULENSPIEGEL UND DER
WIRT ZU LÜNEBURG

In Lüneburg wohnte ein Wirt, der hielt[64] sich für einen mutigen Mann. Aber er war nicht mutig, sondern hatte nur einen großen Mund. Eulenspiegel kam eines Abends in sein Wirtshaus. Es war Winter, es fror, Schnee und Eis
5 lagen auf allen Wegen. Da kamen auch drei Kaufleute[65] aus Sachsen. Sie waren auf der Reise nach Hamburg und kamen spät in der Nacht in das Wirtshaus. Der Wirt hatte, wie gesagt, einen großen Mund; er sprach sehr laut und fragte die Kaufleute: ,,Warum kommt ihr so spät? Wo seid
10 ihr gewesen?" Die Kaufleute antworteten: ,,Wir haben auf dem Weg einen Wolf getroffen. Er war sehr hungrig und wild und folgte uns so lange, daß wir ihn am Ende töten mußten. Darum kommen wir so spät."

Als der Wirt das hörte, sprach er noch lauter und sagte:
15 ,,Ihr haltet euch für mutige Männer? Wie können drei mutige Männer sich vor einem Wolf fürchten? Ich allein töte drei Wölfe oder auch vier!" So sprach er den ganzen Abend, bis die Kaufleute endlich zu Bett gingen. Während der Wirt so sprach, saß Eulenspiegel im Gastzimmer und
20 sagte nichts.

Der Wirt hatte nur ein Zimmer für seine Gäste, und so mußten die Kaufleute mit Eulenspiegel in einem Zimmer schlafen. Da sprachen die Kaufleute über den Wirt und hielten Rat und sagten: ,,Was können wir tun? Wir müssen
25 dem Wirt eine gute Lehre[66] geben." Und Till sagte: ,,Wenn es euch recht ist, so will ich dem Wirt eine so gute Lehre geben, daß er nie wieder von dem Wolf sprechen soll." Das gefiel den Kaufleuten sehr gut. ,,Macht euch auf den Weg", sprach Eulenspiegel weiter, ,,und tut eure Arbeit. In zwei
30 Wochen kommt ihr zurück und trefft mich hier. Dann wird der Wirt seine gute Lehre bekommen."

Und so geschah es. Die Kaufleute bezahlten am nächsten Morgen ihr Zimmer und ihr Essen und ritten weg. Der Wirt

---

[64] **halten für** take for, consider. [65] **die Kaufleute** (*plur.*): merchants; *sing.*: **der Kaufmann.** [66] **eine gute Lehre geben** teach a (good) lesson.

aber lachte wieder über sie und rief: „Reitet nicht durch den
Wald, ihr mutigen Männer; wenn ihr durch den Wald reitet,
frißt euch der Wolf." Die Kaufleute dankten dem Wirt für
den guten Rat und sagten: „Wer zuletzt lacht, lacht am
5 besten. Auf Wiedersehen!"
  Da ritt Eulenspiegel in den Wald und jagte Wölfe. Und er
hatte Glück und fing einen. Er tötete ihn, legte ihn aufs Eis
und ließ ihn hart frieren. Dann nahm er den toten Wolf,
steckte ihn in einen Sack und ritt wieder nach Lüneburg.
10 Das geschah zu der Zeit, als die Kaufleute auch zurück nach
Lüneburg ritten.
  In Lüneburg fand Till die drei Kaufleute schon im Wirtshaus. Er sagte seinen Freunden guten Tag und sprach kein
Wort von dem toten Wolf im Sack. Während des Abend-
15 essens fing der Wirt wieder an, die Kaufleute mit dem Wolf
zu ärgern und sagte: „Wenn ich im Wald drei oder auch vier
Wölfe treffe, schlage ich sie in tausend Stücke." So machte
er den ganzen Abend große Worte,[67] bis die Kaufleute zu Bett
gingen. Eulenspiegel aber schwieg still. Als er zu den
20 Kaufleuten in das Schlafzimmer kam, sprach er zu ihnen:
„Gute Freunde, seid still und schlaft nicht."
  Als nun der Wirt und seine Familie zu Bett gegangen
waren, ging Eulenspiegel heimlich und ganz leise aus dem
Zimmer. Er holte den toten Wolf aus dem Sack, stellte ihn
25 neben das Feuer und steckte ihm Stöcke in die Seiten, so
daß er ganz allein stand. Dann machte er ihm den Mund auf
und steckte ihm zwei Kinderschuhe zwischen die Zähne.
Darauf ging er wieder zu den Kaufleuten in das Schlafzimmer und rief: „Herr Wirt!" Der Wirt hört Till rufen,
30 denn er schlief noch nicht und rief zurück: „Was willst du?
Ist ein Wolf da? Will er dich beißen?" Da rief Eulenspiegel: „Lieber Wirt, schick uns den Diener mit einer
Flasche Wein. Wir sterben vor Durst." Der Wirt war böse
und sprach: „So sind die Kaufleute; sie trinken Tag und
35 Nacht." Dann rief er den Diener und befahl ihm, den
Gästen eine Flasche Wein zu bringen.

---

[67] **große Worte machen** brag, talk big.

Der Mann stand auf, ging zum Feuer und wollte ein Licht[68] anzünden.[69] Da sah er den Wolf am Feuer stehen mit den Kinderschuhen zwischen den Zähnen. Er ließ das Licht fallen und lief in den Garten, denn er dachte: „Der
5 Wolf hat die armen Kinder schon aufgefressen."

Eulenspiegel und die Kaufleute aber riefen wieder: „Schick uns eine Flasche Wein, oder wir sterben vor Durst." Der Wirt dachte: „Der Diener schläft oder hat mich nicht gehört." Und so befahl er seiner Frau, den Gästen eine
10 Flasche Wein zu bringen. Die Frau stand auf, ging an das Feuer und wollte ein Licht anzünden. Da sah auch sie den Wolf am Feuer stehen und dachte: „Der Wolf hat unsere armen Kinder schon aufgefressen." Sie ließ das Licht fallen und lief in den Keller. Eulenspiegel und die Kaufleute
15 hörten das alles, und Till sagte: „Das Spiel wird noch besser werden."

Nun rief Eulenspiegel zum drittenmal:[70] „Wirt, wo ist die Flasche Wein? Willst du, daß wir vor Durst sterben? Wenn deine Leute nicht kommen wollen, komme selbst und
20 bringe ein Licht mit." Der Wirt dachte: „Wo bleibt meine Frau so lange?" und so stand er auf und ärgerte sich sehr über seine Leute. Er ging an das Feuer und zündete ein Licht an. Da sah er den Wolf daneben stehen mit den Schuhen der Kinder zwischen den scharfen Zähnen. Und er
25 fing an zu schreien und zu rufen: „Helft, Freunde, helft!" Dann lief er in das Schlafzimmer der Kaufleute und sprach: „Ein großes, wildes Tier steht neben dem Feuer; meine liebe Frau, meine armen Kinder und den Diener hat es schon aufgefressen!"
30 Die Kaufleute und Eulenspiegel gingen mit dem Wirt in das Zimmer, wo das Feuer war. Die anderen aber hatten die Worte des Wirtes gehört. Auf einmal kam der Diener aus dem Garten, die Frau kam aus dem Keller und die Kinder aus dem Schlafzimmer, und alle lebten noch. Da trat
35 Till zu dem Wolf und gab ihm einen leichten Schlag auf den

---

[68] **das Licht** light, candle. [69] **anzünden** to light. [70] **zum drittenmal** for the third time.

Kopf. Der Wolf fiel zur Erde und war tot. Dann sagte Eulenspiegel zu dem Wirt: „Das ist ein toter Wolf, du starker,
mutiger Mann. Ein toter Wolf jagt dich durch das ganze
Haus, und gestern hast du große Worte gemacht und drei le-
5   bende[71] Wölfe ganz allein getötet und in tausend Stücke
geschlagen.“

Der Wirt hörte Tills Worte und sah, daß er selbst ein Narr
war und daß Eulenspiegel recht hatte. Till und die Kaufleute aber lachten, bezahlten, was sie gegessen und ge-
10   trunken hatten und ritten weiter. So hatte der Wirt endlich
eine gute Lehre bekommen.

11. MÜNCHHAUSEN

In Bodenwerder, einer kleinen Stadt an der Weser,[72] steht
ein altes Schloß. Dort wohnte vor ungefähr 200 (zweihundert) Jahren der gute Baron[73] von Münchhausen. Dieser
15   war ein mutiger Soldat, ein guter Jäger, ein großer Wanderer
und ein guter Erzähler seiner Abenteuer.[74] Er war weit
gereist und hatte viel gesehen. Am Abend, wenn seine
Freunde ihn in dem Schloß besuchten, erzählte er oft bis
spät in die Nacht hinein[75] von seinen interessanten Aben-
20   teuern. Einer seiner Freunde—Raspe hieß er—ging später
nach England und schrieb dort vieles auf,[76] was Baron von
Münchhausen ihm erzählt hatte. Im Jahre 1785 (siebzehn-
hundertfünfundachtzig) ließ er Münchhausens Abenteuer in
englischer Sprache als Buch erscheinen.[77] Ein Jahr später
25   erschienen „Münchhausens wunderbare Reisen und Abenteuer zu Wasser und zu Lande“ auch in deutscher Sprache.
Bald darauf gingen sie in vielen fremden Sprachen durch die
ganze Welt.

---

[71] **lebende Wölfe** living wolves. [72] **die Weser** the Weser river. [73] *pro-*
nounce: **Baro'n.** [74] **das Abenteuer** adventure. [75] **bis spät in die Nacht**
hinein until late in the night. [76] **aufschreiben** write down. [77] **erscheinen**
appear; **erscheinen lassen** publish.

12. DIE REISE NACH RUßLAND[78]

Meine Reise nach Rußland begann ich im Winter, denn ich
sagte mir: „Schnee und Eis machen die Wege besser." Ich
reiste zu Pferde,[79] weil ich ein wunderbarer Reiter bin und
weil jeder wunderbare Reiter gerne zu Pferde reist.

5   Ich trug nur leichte Kleider und fühlte, daß es sehr kalt
wurde, als ich immer weiter nach Nordosten ritt. Eines
Abends war ich so müde, daß ich beinahe[80] einschlief[81] und
vom Pferd fiel, denn ich war den ganzen Tag geritten. Das
ganze Land lag unter Schnee, und ich wußte beinahe nicht
10   mehr, was ich tun sollte.

Endlich stieg ich vom Pferd und band mein gutes Tier an
einen Baumstumpf.[82]   Der Baumstumpf war sehr dick und
steckte fest im Schnee.   Ich nahm meine beiden Pistolen
unter den Arm und legte mich in der Nähe meines Pferdes in
15   den Schnee.   Ich schlief ein und schlief lange und fest.   Als
ich erwachte, war es heller Tag.   Die warme Mittagssonne
stand hoch am Himmel.   Wie sehr war ich erstaunt, als ich
sah, daß ich in der Mitte eines Marktplatzes vor einer Kirche
lag!   Ich suchte mein Pferd, konnte es aber nicht finden.
20   Endlich hörte ich die Stimme meines Pferdes hoch über mir.
Ich hob den Kopf, und was sah ich?   Mein Pferd hing hoch
oben am Turm[83] der Kirche, an der höchsten Spitze[84] des
Turmes!

Natürlich wußte ich sofort, wie mein gutes Pferd an die
25   Spitze des Kirchturmes gekommen war.   Das Dorf war
während der ganzen Nacht mit hohem Schnee bedeckt
gewesen.   Das Wetter aber war auf einmal warm geworden,
der Schnee war zu Wasser geworden, ich war immer tiefer
gesunken[85] und lag nun in der Mitte des Marktplatzes vor
30   der Kirche.   Der Baumstumpf im Schnee war kein Baumstumpf gewesen, sondern die höchste Spitze des Kirchturmes.

---

[78] **Rußland** Russia.   [79] **zu Pferde** on horseback.   [80] **beinah(e)** almost,
nearly.   [81] **einschlafen** fall asleep.   [82] **der Baumstumpf** stump of a tree.
[83] **der Turm** tower, steeple.   [84] **die Spitze** point, tip.   [85] **sinken** sink.

Was tat ich?   Ich nahm eine meiner Pistolen und schoß[86]
nach dem Seil am Hals meines Pferdes. Ich traf[87] das Seil,
das Seil zerriß, und mein Pferd fiel von der Spitze des
Turmes herab,[88] beinah genau vor meine Füße. Dann ritt
5 ich weiter.

EXERCISES

1–3

A. *Answer the following questions with* **ja** *or* **nein.**

1. Wanderte Till Eulenspiegel durch das Land, um die Leute zu
   ärgern?
2. Bedeutet „Eule" auf englisch *mirror?*
3. Klagten die anderen Kinder über Till?
4. Sagte der Vater, daß Till in einer glücklichen Stunde geboren
   war?
5. Wollte Till gern in die Schule gehen?
6. Stand Tills Haus auf einem Berg?

---

[86] **schießen** shoot. [87] **traf** *here:* hit
(*from* **treffen**). [88] **hera′bfallen** fall down.

B. *Answer the following questions.*

1. Wann lebte Till Eulenspiegel?
2. Wie ärgerte er die Leute?
3. Was sagte man zu jener Zeit von den Menschen?
4. Was tat Till, als er mit seinem Vater auf dem Pferd saß?
5. Was wollte die Mutter tun, als sie Till auf dem Seil sah?
6. Was riefen die Jungen, als Till im Wasser lag?

4-5

A. *Answer the following questions with* **ja** *or* **nein.**

1. Ging Eulenspiegel mit seiner Mutter zur Schule?
2. War der Korb, in dem Eulenspiegel lag, der leichteste?
3. Sollte Eulenspiegel den Bürgern von Magdeburg etwas Interessantes zeigen?
4. Sagte Eulenspiegel, daß es in Magdeburg keine Narren gibt?

B. *Answer the following questions.*

1. Was tat Eulenspiegel auf dem Jahrmarkt?
2. Wer kam während der Nacht?
3. Was tat Eulenspiegel während der Nacht?
4. Was wollte Eulenspiegel den Bürgern von Magdeburg zeigen?
5. Was sagte Till, als er auf dem Dach des Rathauses stand?

6-7

A. *Answer the following questions with* **ja** *or* **nein.**

1. Nannte sich Till in Nürnberg einen berühmten Arzt?
2. Fragte Till jeden Kranken nach seiner Krankheit?
3. Heilte Till alle Kranken?
4. Backte der Bäcker die ganze Nacht Eulen und Affen?
5. Gaben die Leute Till Geld für die Eulen und Affen?

B. *Answer the following questions.*

1. Was sagte Till zu dem Direktor des Krankenhauses?
2. Was wollte Till mit dem Kränksten machen?
3. Was geschah nach drei Tagen?
4. Worüber ärgerte sich der Direktor des Krankenhauses?

5. Wen traf Eulenspiegel in Hannover?
6. Wohin ging Till mit den Eulen und Affen?

8–9

A. *Answer the following questions with* **ja** *or* **nein**.

1. Suchten die Studenten in Rostock schwere Fragen für Till?
2. Kam Eulenspiegel allein zur Universität?
3. Konnte Till nur auf eine Frage antworten?
4. Hatten die Professoren in Erfurt schon von ihm gehört?
5. Blieb Till in Erfurt, um alle Esel der Stadt zu lehren?

B. *Answer the following questions.*

1. Was sagte Eulenspiegel in seinen Briefen?
2. Wen schickten die Professoren zu Till?
3. Warum blieb Till nicht in Rostock?
4. Wen schickten die Professoren zu Till in die Lehre?
5. Was suchte der Esel zwischen den Seiten des Buches?
6. Welche Buchstaben konnte der Esel lesen?

10

A. *Answer the following questions with* **ja** *or* **nein**.

1. Hielt sich der Wirt für einen dummen Mann?
2. Kam nur Eulenspiegel in das Wirtshaus?
3. Fing Till einen Fuchs?
4. Erzählte Till den Kaufleuten von dem toten Tier im Sack?

B. *Answer the following questions.*

1. Woher kamen die Kaufleute?
2. Wer wollte dem Wirt eine gute Lehre geben?
3. Was tat Till mit dem toten Wolf?
4. Wer machte immer große Worte?
5. Was steckte Till dem Wolf zwischen die Zähne?
6. Was rief der Wirt, als er den Wolf am Feuer sah?

11–12

A. *Answer the following questions with* **ja** *or* **nein**.

1. War Münchhausen ein guter Soldat?
2. Ließ Raspe Münchhausens Abenteuer in deutscher Sprache erscheinen?

3. Reiste Münchhausen gern mit dem Zug?
4. Band Münchausen sein Pferd an einen Strauch?

B. *Answer the following questions.*

1. Wann lebte Münchhausen?
2. Was tat der Baron, wenn seine Freunde ihn besuchten?
3. Wohin reiste Münchhausen?
4. Was geschah eines Abends?
5. Wo lag Münchausen am nächsten Morgen?
6. Wo war das Pferd?
7. Wie kam das Pferd wieder auf die Erde?

13. DIE REISE NACH CEYLON

Ich war noch ein kleiner Junge, als ich nichts mehr wünschte, als zu reisen und die ganze Welt zu sehen. Vielleicht war ich mit diesem Wunsch[1] zur Welt gekommen, denn mein Vater war viel gewandert und gereist. Ich weiß noch, wie er
5 uns an langen Winterabenden stundenlang[2] von seinen interessanten Abenteuern erzählte.

Eines Tages geschah es, daß mein Onkel uns besuchte. Mein Onkel und ich wurden bald gute Freunde. Er sagte oft zu mir: „Du bist ein guter Junge; ich will alles tun, was
10 ich kann, um dir zu helfen." Eines Abends sprach mein Onkel sehr lange zu meinen lieben Eltern, und endlich erlaubten sie mir, mit meinem Onkel nach Ceylon zu reisen.

Bald darauf waren wir fertig und segelten[3] mit einem schönen Segelschiff[4] von Amsterdam in Holland ab. Auf un-
15 serer Reise geschah zuerst nichts Interessantes, nur hatten wir einmal während der Reise einen großen Sturm.[5] Der Sturm begann, als wir gerade an Land lagen, wo wir Holz und Wasser holen wollten. Der Wind war so stark, daß er eine große Zahl von dicken Bäumen aus der Erde riß[6] und
20 hoch in die Luft blies. Einige dieser Bäume waren wohl so

---

[1] **der Wunsch** wish. [2] **stundenlang** for hours. [3] **segeln** sail; **absegeln** sail away, set sail. [4] **das Segel** (sail) + **das Schiff** (ship) = **das Segelschiff** sailing ship. [5] **der Sturm** storm. [6] **reißen** tear.

schwer wie hundert Elefanten, aber der Sturm blies sie fünf
Meilen hoch in die Luft. Die schwersten Bäume erschienen
hoch in der Luft nicht größer als die ganz kleinen Federn
eines Vogels. Aber der Sturm legte sich,[7] und jeder der
5 Bäume fiel hoch vom Himmel wieder in die Erde hinein,
und jeder fiel genau an die Stelle, wo er gestanden hatte.
Nach wenigen Minuten konnte man nicht mehr sehen, daß
ein Sturm über das Land gegangen war. Nun holten wir
Holz und Wasser und segelten mit gutem Wind weiter.
10 Nach sechs Wochen kamen wir endlich in Ceylon an.[8]

Mein Onkel kannte auf Ceylon einen reichen Kaufmann.
Der Sohn dieses Kaufmannes wurde bald mein Freund.
Eines Tages bat er mich, mit ihm auf die Jagd zu gehen. Ich
liebe die Jagd und ging gerne mit. Mein Freund war ein
15 großer, starker Mann. Er fühlte die heiße Mittagssonne
nicht. Ich aber wurde nach kurzer Zeit so müde, daß ich ein
wenig ruhen wollte. Als wir in den Wald gekommen waren,
blieb ich stehen. Bald war er so weit weg, daß ich ihm nicht
mehr folgen konnte.
20 Ich setzte mich auf einen Stein, um zu ruhen. Der Stein
lag nahe an einem reißenden Fluß.[9] Auf einmal hörte ich

---

[7] **legte sich** *here:* subsided. [8] **ankommen** arrive. [9] **der reißende Fluß**
rapid river.

etwas. Ich wandte¹⁰ den Kopf und sah einen großen Löwen.
Der Löwe sah mich und kam näher. Er dachte wohl: „Ein
feiner Herr. Der Mann gefällt mir. Der Mann soll mein
Mittagessen sein und wird mir gut schmecken. Appetit
5 habe ich genug für drei." Zuerst fürchtete ich mich so sehr,
daß ich nicht aufstehen konnte. Aber endlich begann ich zu
laufen, so schnell ich konnte. Da sah ich auf einmal ein
großes Krokodil vor mir. Dieses öffnete seinen Mund.
Noch heute sehe ich den großen Mund und die scharfen
10 Zähne. Ich dachte: „Das ist der letzte Augenblick deines
Lebens." Welch ein Abenteuer! Hinter mir ein Löwe, vor
mir ein Krokodil, an der einen Seite ein reißender Fluß, an
der anderen ein Wald mit wilden Tieren!
Ich fiel zur Erde. Ich wartete. Ich legte meine Hände
15 vor die Augen und dachte wieder: „Ich muß sterben. Ich
bin verloren. Die nächste Sekunde ist meine letzte."
Schon glaubte ich, die scharfen Zähne der Tiere zu fühlen,
als etwas Wunderbares¹¹ geschah. Langsam wandte ich den
Kopf und sah zurück. Was sah ich? Was war geschehen?
20 Nie werden Sie glauben, was geschehen war! Der Löwe
war zu hoch und zu weit gesprungen und war in den großen
Mund des Krokodils gefallen. Der Kopf des Löwen steckte
fest zwischen den Zähnen des Krokodils. Der Löwe versuchte zu entkommen, aber es war zu spät. Schnell sprang
25 ich auf, nahm mein scharfes Jagdmesser¹² aus der Tasche
und schnitt dem Löwen den Kopf ab. Der große, schwere
Körper des Tieres lag tot zu meinen Füßen. Und das Krokodil? Ich schlug den Kopf des Löwen noch weiter in den
Mund des Krokodils hinein, es bekam keine Luft mehr und
30 war in wenigen Minuten tot.
Bald darauf kam mein Freund zurück. Er wollte sehen,
warum ich ihm nicht gefolgt war. Ich erzählte ihm von
meinem wunderbaren Abenteuer, und dann gingen wir nach
Hause zurück, wo ich alles immer wieder erzählen mußte.
35 Der Vater meines Freundes schickte seine Leute mit einem

---

¹⁰ **wenden** turn. ¹¹ **etwas Wunderbares** something miraculous. ¹² **das
Jagdmesser** hunting knife.

Wagen und Pferden in den Wald, um die Tiere zu holen.
Aus dem Pelz des Löwen machten wir kleine Geldbeutel.[13]
Jedem meiner Freunde auf Ceylon schenkte ich einen solchen Beutel für sein Geld.   Einige Beutel nahm ich mit nach
5   Holland, wo ich dem Bürgermeister[14] von Rotterdam einen
gab.   Der Bürgermeister wollte mir tausend Taler dafür
geben, aber ich nahm sein Geld nicht an.   Das Krokodil
steht im Museum zu Amsterdam, und jeden Tag kommen
viele Leute aus allen Ländern der Welt, um es zu sehen.
10   Aber ich muß meine Leser warnen![15]   Der Diener im
Museum zu Amsterdam lügt gern.   Er erzählt von mir und
meinen Abenteuern, aber er lügt und weiß nicht einmal, daß
er es tut.   Ich glaube, er kann nicht lesen.   Jeder liest mein
Buch, und darum weiß jeder mehr von meinen wunderbaren
15   Reisen und Abenteuern als der Diener im Museum zu Amsterdam.

14. DIE REISE NACH
NORDAMERIKA

Im Jahre 1776 (siebzehnhundertsechsundsiebzig) segelte ich
auf einem großen englischen Segelschiff nach Nordamerika.
Auf dem Schiff waren vierzehnhundert Soldaten.   Während
20   unserer Reise geschah nichts Interessantes, bis wir ungefähr
noch dreihundert Meilen weit vom Land waren.   Hier
stieß[16] unser Schiff auf einmal gegen etwas sehr Festes und
Hartes.   Der Stoß war so stark, daß alles auf dem Schiff zerbrach, zerriß oder ins Wasser fiel.   Ich war in meinem
25   Zimmer und flog durch den Stoß mit dem Kopf so hart an die
Decke[17] des Zimmers, daß mein Kopf tief zwischen den
Schultern steckte.   Einer unserer armen Leute flog durch
den Stoß drei Meilen hoch in die Luft.   Hoch in der Luft flog
aber eine wilde Ente.[18]   Der Mann faßte glücklich den

---

[13] **der Beutel** pouch.   [14] **der Bürgermeister** mayor.   [15] **warnen** warn.
[16] **stoßen** push, knock; *noun:* **der Stoß** blow.   [17] **die Decke** ceiling.   [18] **die
Ente** duck.

Schwanz der Ente und fiel langsam ins Meer. Dann legte er sich zwischen den Hals und die Flügel der Ente und schwamm bis an unser Schiff. Und so war er in wenigen Minuten wieder zurück.

5.   Nun wollten wir wissen, wogegen[19] unser Schiff gelaufen war. Wir dachten: „Vielleicht ist es ein Eisberg", und darum nahmen wir ein großes Stück Eisen, banden es an ein langes Seil und warfen es ins Meer. Wir ließen es hundert Meilen tief sinken, aber trotz des schweren Eisens und des langen Seiles fanden wir keinen Grund.[20] Auf einmal erklärte sich alles durch einen großen Walfisch.[21] Ich entdeckte ihn oben auf dem Wasser. Er hatte in der Sonne gelegen und war eingeschlafen. Unser Schiff war gegen ihn gelaufen, und natürlich war er durch den Stoß erwacht. Weil wir ihn aus dem Schlaf geweckt hatten, wurde er auf einmal sehr böse und schlug mit seinem Schwanz einen Teil unseres Schiffes in tausend Stücke. Dann nahm er unseren Anker[22] zwischen die Zähne und zog uns sechzig Meilen weit durchs Meer. Der Walfisch schwamm so schnell, daß

---

[19] woge'gen against what.   [20] der Grund ground.   [21] der Walfisch whale.
[22] der Anker anchor.

die Kette unseres Ankers zerriß, wodurch der Fisch unser
Schiff verlor.

Sechs Monate später segelten wir nach England zurück.
Da fanden wir unseren Walfisch tot auf dem Wasser liegen.
5 Er lag nicht weit von der Stelle, wo ich ihn zuerst gesehen
hatte. Und er war—ich lüge nicht—genau eine halbe Meile
lang. Von einem so großen Tier konnten wir natürlich nicht
viel mitnehmen. Wir ließen kleine Boote ins Meer hinab
und schnitten dem Walfisch den Kopf ab. Und was fanden
10 wir? Wir fanden nicht nur unseren Anker, sondern auch
unser hundert Meilen langes Seil. Auf der linken Seite
seines Mundes lagen Anker und Seil in einem Loch im
Zahn.

15. EIN BAD IM MEER

An einem schönen Sommernachmittag badete ich im Meer
15 nicht weit von einer großen Stadt. Das Wetter war so schön
und das Wasser so warm, daß ich nicht wußte, wie weit ich
geschwommen war. Vielleicht war ich ungefähr fünfzig
Meilen vom Land, denn wohin ich den Kopf auch wandte,[23]
sah ich nichts als Wasser. Ich legte mich auf den Rücken,
20 um ein wenig zu ruhen und die warme Sonne in mein Gesicht scheinen zu lassen. Auf einmal sah ich einen sehr
großen Fisch. Er schwamm sehr schnell und kam bald
näher. Dann machte er seinen großen Mund auf, um mich
freundlich zu empfangen. „Nicht sehr schön", dachte ich,
25 „aber ich werde ihm eine gute Lehre geben". Was tat ich?
Ich legte meine Arme nahe an den Körper und machte mich
so dünn, wie ich konnte. Dann schwamm ich langsam durch
die Zähne und den großen Mund in den Magen[24] des
Fisches hinein.

30 Im Magen meines Feindes war es sehr dunkel und heiß.

---

[23] **wohin ich den Kopf auch wandte** wherever I turned my head.   [24] **der
Magen** stomach.

Es war ein so großer Magen, daß zwölf große Männer darin
tanzen konnten. „Nun soll mein Fisch Magenschmerzen[25]
bekommen", dachte ich, „ich werde ihm einen Streich
spielen, und bald soll er mich wieder ans Land setzen".
5   Dann begann ich zu tanzen und zu springen. Sofort bekam
der Fisch die bösesten Magenschmerzen, sprang aus dem
Wasser und fing an, ganz laut zu schreien. Aber das war sein
Tod. Einige Menschen auf einem englischen Segelschiff
hatten das laute Schreien meines Feindes gehört. Sie
10   kamen und töteten ihn in wenigen Minuten.
   Die Leute zogen den Fisch auf das Schiff. Nun hielten sie
Rat. Endlich sagte einer der Leute: „Holt die Messer, wir
schneiden ihn in Stücke." Natürlich fürchtete ich mich ein
wenig vor den Messern der Männer und stellte mich sofort
15   in die Mitte des Magens. „Hier", dachte ich, „werden die
scharfen Messer der Leute mich nicht schneiden können,
denn natürlich werden sie mit dem Schwanz oder dem Kopf
anfangen". Aber sie begannen weder mit dem Schwanz
noch[26] mit dem Kopf. Sie begannen mit dem Magen, sie
20   schnitten den Magen zuerst auf. Bald sah ich ein wenig
Licht und rief so laut wie ich konnte: „Es freut mich, die
Herren zu sehen, es freut mich sehr. Es freut mich noch
mehr, daß die Herren mich wieder an das Licht der Sonne
bringen, denn hier ist weder Licht noch Luft!"
25   Ich kann Ihnen nicht sagen, wie erstaunt die Herren
waren und was für Gesichter sie machten. Auch kann ich
Ihnen nicht sagen, was sie dachten, als sie die Stimme eines
Mannes aus dem Magen des Fisches rufen hörten. Als ich
endlich wieder in der frischen, freien Luft stand, erklärte ich
30   ihnen, wie alles geschehen war. Natürlich mußte ich mein
Abenteuer immer wieder erzählen.
   Die Leute gaben mir viel Gutes zu essen und zu trinken.
Dann sprang ich wieder ins Meer und schwamm zurück ans
Land, woher ich gekommen war. Am Land fand ich meine
35   Kleider und wanderte zurück in die Stadt.

---

[25] **der Schmerz** pain, ache; **die Magenschmerzen** stomach-ache.   [26] **weder
. . . noch** neither . . . nor.

16. DIE REISE NACH OSTINDIEN

Eine andere sehr interessante Reise machte ich von England aus[27] mit Kapitän[28] Hamilton. Wir segelten nach Ostindien. Ich hatte meinen wunderbaren Hund bei mir, und dieser war wegen seiner feinen Nase in der ganzen Welt berühmt.

5   Eines Tages glaubten wir, noch ungefähr dreihundert Meilen weit vom Land weg zu sein. Da hob mein Hund die Nase in die Luft und bellte. Ich sah ihn beinahe eine Stunde lang erstaunt an, rief dann endlich den Kapitän und sagte zu ihm: „Mein Hund hat gebellt; er riecht wilde Tiere,

10   wir sind ganz nahe am Land". Der Kapitän und seine Leute lachten laut über meine Worte. Ich aber kannte meinen Hund und glaubte fest an ihn. Wieder hob er den Kopf, zog die Luft durch die Nase und bellte. Und wieder lachten der Kapitän und seine Leute.

15   Nun stritten wir hin und her über die Nase meines Hundes, bis ich endlich sagte: „Die Nase meines Hundes ist besser als die Augen aller Männer auf diesem Schiff zusammen. Das weiß ich ganz genau, und wenn wir in einer halben Stunde keine Tiere finden, dann will ich hundert

20   Goldstücke bezahlen."

Der Kapitän war mein guter Freund und fing wieder an zu lachen. Dann aber fragte er den Schiffsarzt, ob ich krank war. Der Schiffsarzt trat zu mir, fühlte meinen Kopf und erklärte: „Der Herr Baron von Münchhausen ist so gesund und

25   frisch wie ein Fisch im Wasser." Darauf trat der Kapitän zu dem Arzt und sprach leise mit ihm. Da ich aber ganz wunderbare Ohren habe und da der Wind ihre Worte an mein Ohr trug, konnte ich beinahe[29] alles genau verstehen.

„Er ist krank", sagte der Kapitän, „ich kann seine Wette[30]

30   nicht annehmen; ich wette nicht mit ihm".

„Er ist gesund, ganz und gar gesund", antwortete der Arzt. „Nur macht er einen großen Fehler; er glaubt fester an die Nase seines Hundes als an Kopf und Augen aller unserer

---

[27] **von . . . aus** from.   [28] *pronounce:* **Kapitä'n.**   [29] **beinah(e)** nearly, almost.
[30] **die Wette** bet; *verb:* **wetten.**

Leute. Wetten Sie mit ihm! Er wird verlieren, und das
geschieht ihm recht!"[31]   „Ob es ihm recht geschieht oder
nicht, lieber Doktor, seine Wette gefällt mir nicht. Aber ich
werde Ihrem Rat folgen und seine Wette annehmen. Später
5   gebe ich ihm dann sein Geld zurück."

Während der Kapitän mit dem Doktor sprach, blieb ich mit
meinem Hund ruhig an demselben[32] Platz und rief: „Nun,
Herr Kapitän, wetten wir oder wetten wir nicht!"   Der
Kapitän trat zu mir, gab mir die Hand und sagte: „Ich nehme
10   Ihre Wette an, lieber Baron."

In demselben Augenblick, als der Kapitän diese Worte
sprach, hörte ich hinter mir laute Stimmen. Ich wandte den
Kopf und sah einige Leute in einem langen Boot. Das Boot
lag neben unserem Schiff. Die Leute hatten gefischt und
15   einen sehr großen Fisch gefangen. Sie hoben und zogen
ihn aufs Schiff und schnitten ihn auf, und siehe! da fanden
wir nicht weniger als zwölf lebende Wildenten in dem
Magen dieses großen Tieres.

Die armen Enten waren schon seit langer Zeit an dieser
20   Stelle gewesen, denn eine von ihnen saß auf fünf Eiern, und
aus einem der Eier sprang gerade ein kleines Entchen
heraus.

Die jungen Vögel brachten wir zu unseren sechs kleinen
Kätzchen. Auch diese waren gerade vor wenigen Minuten
25   zur Welt gekommen. Die alte Katze liebte die kleinen
Enten so sehr wie ihre eigenen Kinder, und sie wurde
immer sehr böse, wenn ein Wildentchen ein wenig zu weit
flog und nicht sofort wieder zurückkommen wollte. Vier
von den Enten begannen, Eier zu legen, und einige saßen
30   immer im Nest auf den Eiern, so daß wir während der
ganzen Reise jeden Tag ein schönes frisches Entchen essen
konnten. Natürlich hatte ich die Wette mit dem guten
Kapitän Hamilton nur durch meinen guten Hund gewonnen.
Und um ihm für seine gute Arbeit zu danken, gab ich ihm
35   jeden Tag ein schönes gebackenes Entchen.

---

[31] **das geschieht ihm recht!** that serves him right!   [32] **derselbe, dieselbe,
dasselbe** the same.

17. EIN RITT[33] AUF DEM
TEETISCH[34]

Von meinem wunderbaren Hund habe ich Ihnen schon
erzählt, nicht aber von meinem Pferd. Meine Freunde
haben oft versucht, es für mehrere hunderttausend Taler in
Gold von mir zu kaufen, aber ich habe es noch und gebe es
5 nicht weg. Ich bekam dieses schöne Tier von einem meiner
Freunde als Geschenk für einen Ritt auf dem Teetisch. Ich
will Ihnen erzählen, wie das geschah.

Vor langen Jahren besuchte ich in Rußland einen Freund.
Er wohnte mit seiner Familie in einem schönen Schloß,
10 hatte viel Geld und viel Land und alles, was ein Mensch sich
wünschen kann. Eines Nachmittags saßen wir beim Tee.
Der Freund sprach mit großer Liebe von einem seiner
jungen Pferde und bat die Herren, mit ihm hinunter in den
Stall zu gehen, um es zu sehen. Die Herren gingen mit
15 meinem Freund, während ich bei den Damen im Teezimmer
blieb. Sie waren noch nicht lange weg, als wir auf einmal
einen Schrei hörten. Ich sprang auf, lief schnell durch den
Garten hinab in den Stall und fand das herrliche Tier so
wild, daß niemand es reiten wollte. Die Herren standen um
20 das Pferd und fürchteten sich, und alle Gesichter waren
weiß wie Schnee. Schnell sprang ich auf den Rücken des
Pferdes und jagte[35] das Tier so lange und so schnell durch
Wald und Feld, daß es endlich ganz müde und zahm war.
Dann ritt ich zum Schloß zurück.

25 Um den Herren und Damen noch besser zu zeigen, daß
sie keinen Grund zur Sorge[36] hatten, ließ ich das Pferd mit
mir durchs Fenster ins Teezimmer springen. Hier ritt ich
einige Male hin und her, ließ das Pferdchen auf den Teetisch springen und zeigen, was es konnte, worüber alle sich
30 sehr freuten. Das Tier machte es so wunderbar, daß weder
Gläser noch Teller zerbrachen.

---

[33] **der Ritt** ride (*on horseback*). [34] **der Tee** (tea) + **der Tisch** (table) = **der
Teetisch** tea table. [35] **jagen** *here* race. [36] **Grund zur Sorge haben** have
cause for alarm.

Dem Freund aber gefiel meine Kunst so gut, daß er mich bat, sein wunderbares Pferd als Geschenk anzunehmen, was ich gerne tat.

EXERCISES

13

A. *Answer the following questions with* **ja** *or* **nein.**

1. Segelte Münchhausen mit einem schönen Segelschiff?
2. Hatten sie jeden Tag einen großen Sturm?
3. War Münchhausen größer und stärker als sein Freund?
4. Sah Münchhausen auf einmal einen Elefanten?
5. Kann man das Krokodil im Museum sehen?

B. *Answer the following questions.*

1. Was geschah im Sturm mit den Bäumen?
2. Wann kamen die Leute in Ceylon an?
3. Warum setzte sich Münchhausen auf einen Stein?
4. Wohin war der Löwe gesprungen?
5. Wie tötete Münchhausen das Krokodil?
6. Was machten sie aus dem Pelz des Löwens?

14–15

A. *Answer the following questions with* **ja** *or* **nein.**

1. Stieß das Schiff gegen etwas Weiches?
2. Flog Münchhausen mit dem Kopf gegen die Tür?
3. Lagen Anker und Seil im Magen des Walfisches?
4. Schwamm Münchhausen in den Magen eines Fisches hinein?
5. Schnitten die Leute dem Fisch zuerst den Kopf ab?

B. *Answer the following questions.*

1. Wohin segelte Münchhausen im Jahre 1776?
2. Was geschah, als das Schiff gegen etwas Festes stieß?
3. Wogegen war das Schiff gelaufen?

4. Wo badete Münchhausen an einem Nachmittag?
5. Was sah er auf einmal im Wasser?
6. Warum bekam der Fisch Magenschmerzen?
7. Was fanden die Leute im Magen des Fisches?

16–17

A. *Answer the following questions with* **ja** *or* **nein.**

1. War der Hund wegen seiner guten Augen berühmt?
2. Sagte der Arzt, daß Münchhausen krank war?
3. Hatte Münchhausen sein schönes Pferd für viel Geld gekauft?
4. Ging Münchhausen mit den anderen Herren in den Stall?
5. War das Pferd zahm?

B. *Answer the following questions.*

1. Von wo aus machte Münchhausen die Reise nach Ostindien?
2. Warum konnten sie während der Reise immer frische Entchen essen?
3. Wofür hatte Münchhausen das Pferd geschenkt bekommen?

Vocabulary Building

A. *Form verbs from the following nouns by adding* **-en.** *Add only* **-n** *where indicated.*

> EXAMPLE: der Ärger(n) *vexation, annoyance*
> **ärgern** *to vex, to annoy*

die Klage(n)	der Schmerz
die Lehre(n)	das Segel(n)
der Narr	der Spiegel(n)
der Rat	der Stoß
die Ruhe(n)	die Wette(n)

B. *Form nouns in* **-in.** *Use* umlaut *where indicated.* *Omit the letters in parentheses.*

> EXAMPLE: der Bürger *citizen (masc.)*
> **die Bürgerin** *citizen (fem.).*

der Baron	der Lehrer	der Jäger
der Narr (⸚)	der Wirt	der Reiter
der Bürgermeister	der Meister	der Schwimmer
der Gesell(e)	der Nachbar	

C. *Form neuter nouns from the following verbs.*

> **EXAMPLE:** befehlen *to command, to order*
> **das Befehlen** *the (act of) commanding* or *ordering*

durchschneiden	lügen	stoßen
erscheinen	ruhen	vergehen
fassen	schießen	verbrennen
heilen	segeln	wenden
klagen	stehlen	wetten

D. *Form masculine nouns from the infinitive stems of the following verbs.*

> **EXAMPLE:** befehlen *to command, to order*
> **der Befehl** *the command, the order*

anfangen	schlafen	kaufen
beginnen	schlagen	teilen
danken	schreien	versuchen
fallen	tanzen	gewinnen
laufen	besuchen	streiten
rufen	empfangen	stoßen
scheinen	fangen	

E. *Form feminine nouns from the infinitive stem + e.*

> **EXAMPLE:** lieben *to love;* **die Liebe** *(the) love*

bitten	reisen	lügen
fragen	sorgen	ruhen
lehren	klagen	wetten

F. *Form adjectives with the prefix* **un-**. *Stress* **un-** *in pronunciation.*

> **EXAMPLE:** interessant *interesting*
> **uninteressant** *uninteresting, of no interest*

natürlich	frei	recht
fertig	ruhig	schön
froh	klar	zufrieden
glücklich		

Idioms Used in the Text

Die Leute **ärgerten sich** sehr **über** seine Streiche.

Zu dieser (jener) **Zeit** sagte man das.

Alle Nachbarn **klagten über** ihn.

Lieber Vater, ich **tue** doch **niemand etwas.**

Nicht lange darauf zog er den Dieb bei den Haaren.

Er saß still, aber er **schnitt Gesichter.**

Er hob seine Arme, **als ob** er fliegen wollte.

Er **fragte** jeden Kranken **nach** seiner Krankheit.

Sie befahlen ihm, **Platz zu nehmen.**

Wir **geben** ihm einen Esel **in die Lehre.**

Er legte **dem Esel** das Buch **vor die Nase.**

Der Wirt **hielt sich für** einen mutigen Mann.

Wir müssen dem Wirt **eine** gute **Lehre geben.**

So **machte** er den ganzen Abend **große Worte.**

Er erzählte oft **bis spät in die Nacht hinein.**

Ich reiste **zu Pferde.**

Sie begannen **weder** mit dem Schwanz **noch** mit dem Kopf.

Eine andere Reise machte ich **von** England **aus.**

Er wird verlieren, aber **das geschieht** ihm **recht.**

Ich zeigte ihnen, daß sie keinen **Grund zur Sorge** hatten.

Vocabulary (Part A)

der Affe	der Direktor	Nürnberg	sinken
der Anker	der Grund	der Pfennig	der Sturm
der Baron	der Kapitän	Rußland	der Walfisch
der Bürger	das Licht	das Schiff	warnen

(Part B)

das Abenteuer	aufschreiben	beinahe
ankommen	die Backstube	der Beutel
anzünden	der Baumstumpf	der Bienenkorb
ärgern	befehlen	der Buchstabe

der Bürgermeister
darauf
die Decke
derselbe
die Ente
einschlafen
erscheinen
die Eule
fassen
der Flügel
der Geselle
heilen
heimlich
der Jahrmarkt
der Kaufmann
die Kirche
klagen
kräftig

das Krankenhaus
die Krankheit
die Lehre
lügen
der Magen
das Meer
mutig
der Narr
das Pulver
der Rat
das Rathaus
reißen
der Ritt
der Schalk
schießen
der Schmerz
schneiden
segeln

das Seil
der Spiegel
die Spitze
stehlen
stoßen
der Streich
stundenlang
der Turm
verbrennen
vergehen
weder—noch
wenden
wetten
wohl
der Wunsch
zuletzt

5 Fünf Berühmte Märchen

FÜNF BERÜHMTE MÄRCHEN

The fairy tale is the quintessential success story. The heroes usually begin as victims and are triumphant in the end. The peculiar fascination of fairy tales comes from their mixing of the magic and the supernatural with the commonplace in a way that seems valid because the deepest aspirations of humanity are allowed to be fulfilled in a world where all hindrances can be conquered, a world in which fantasies become real.

"The King's New Clothes" seems at first glance to fall outside the pattern since the king ends as the fool, but the real hero is the innocent child and the common people for whom the child speaks in unmasking the fraudulent, pompous, and unjust monarch. "The Town Musicians of Bremen" are down-and-outers who learn what they can do by combining their admittedly rather specialized talents. The least well known of the selections chosen by Professor Hagboldt when he prepared the original edition of this volume is "Six Make Their Way through the Whole World," a story in which a mistreated soldier exacts revenge, with a little help from his friends, on the king who cheated him. In "Hänsel and Gretel" impoverished children overcome both an evil step-mother and a wicked witch by relying on their common sense. Part 5 concludes with "Sleeping Beauty," a tale in which virtue and beauty ultimately triumph, even when forced to wait for a hundred years.

1. DES KÖNIGS NEUE KLEIDER

Vor vielen Jahren lebte einmal ein König. Dieser liebte nichts mehr als schöne, neue Kleider, und darum hatte er für jede Stunde des Tages etwas Neues.

Alles trug er nur einmal und dann nie wieder. Die neuen
5 Kleider des Königs kosteten sein Land natürlich sehr viel Geld. Auch sorgte er nicht für[1] seine Bürger, seine Bauern,

---

[1] **sorgen für** care (provide) for.

seine Dörfer und Städte; er hatte zu viel mit seinen Kleidern zu tun. Wenn man ihn suchte, so fand man ihn nicht, wie andere Leute, bei der Arbeit; man fand ihn im Kleiderzimmer vor einem großen Spiegel.

5 Der König wohnte in einer großen Stadt. Jeden Tag kamen dort viele Fremde[2] an. Eines Tages erschienen auch zwei Abenteurer. Sie kamen auf das Schloß des Königs und sagten: „Wir sind Fremde in deinem Lande. Wir sind lange gereist, um zu dir zu kommen, denn wir wissen, daß du
10 nichts mehr liebst als schöne Kleider. Wir sind Weber.[3] Wir weben die herrlichsten Stoffe[4] der Welt. Wir weben diese Stoffe in allen Farben und Mustern.[5] Von nun an wollen wir nur für dich leben und arbeiten. Aber das ist nicht alles. Wer dumm oder faul ist, schlechte Arbeit tut
15 und für sein Amt[6] nicht taugt,[7] der[8] kann unsere Stoffe nicht sehen. Wer aber klug and fleißig und für sein Amt taugt, der[8] sieht unsere Stoffe sofort.‟

„Das müssen wunderbare Stoffe sein‟, dachte der König, „wenn ich Kleider aus solchem Stoff trage, kann ich sehen,
20 wer in meinem Lande schlechte Arbeit tut und für sein Amt nicht taugt. Ja, solchen Stoff muß ich haben!‟ Dann gab er den beiden Fremden viel Geld und befahl ihnen, ihre Arbeit sofort zu beginnen.

Die beiden Abenteurer stellten zwei Webstühle[9] in ein
25 großes Zimmer. Sie setzten sich vor die Webstühle und taten, als ob sie arbeiteten.[10] Aber auf den Stühlen war kein

---

[2] **der Fremde** stranger.   [3] **weben** weave; **der Weber** weaver.   [4] **der Stoff** material; goods.   [5] **das Muster** pattern; model.   [6] **das Amt** office.   [7] **taugen** be fit (useful, good).   [8] **der** he.   [9] **der Webstuhl** (weaver's) loom.   [10] **sie taten, als ob sie arbeiteten** they acted as though they were working.

Stoff zu sehen.[11]   Der König gab ihnen alles, was sie wünschten, die beste Seide[12] und das beste Gold. Das steckten sie in die eigenen Taschen und arbeiteten an den leeren Webstühlen bis spät in die Nacht hinein.

5   Nach einiger Zeit wollte der König wissen, wie weit die Weber mit ihrer Arbeit waren. Aber er fürchtete sich ein wenig, selbst zu ihnen zu gehen, weil er wußte, daß ein Dummkopf den Stoff nicht sehen konnte. Er dachte: „Ich bin weder dumm noch faul und tauge für mein Amt so gut

10   wie der Beste in meinem Land. Aber es ist doch wohl besser,[13] zuerst einen anderen zu schicken. Alle Leute im ganzen Lande wissen, was für einen wunderbaren Stoff die Weber machen, und jeder will wissen, wie dumm oder faul sein Nachbar ist. Ich werde meinen guten alten Minister[14]

15   zu den Webern schicken. Er ist klug, hat gute Augen und kann am besten sehen, ob der Stoff gut ist."

Nun ging der gute alte Minister in das Arbeitszimmer der beiden Weber. Diese saßen vor den leeren Webstühlen und taten so, als ob sie arbeiteten. „Himmel!" dachte der

20   alte Mann und machte die Augen weit auf, aber er konnte nichts sehen, denn es war nichts zu sehen da. „Mein Gott!" dachte er, „bin ich dumm? Tauge ich nicht für mein Amt? Das habe ich nicht geglaubt, und das darf kein Mensch wissen. Nein, ich darf nicht sagen, daß ich den Stoff nicht

25   sehen kann." —„Nun, du sagst ja nichts",[15] sprach der eine am Webstuhl. „Oh, der Stoff ist gut und schön", sagte der alte Minister, „dieses Muster und diese Farben! Ja, ich werde dem König sagen, daß er mir sehr gut gefällt." —„Das freut uns!" sagten die beiden Diebe, und darauf

30   nannten sie die Namen der Farben und sprachen noch lange über das schöne Muster. Der alte Minister hörte gut zu,[16] denn er wollte seinem König dasselbe sagen, was die Diebe ihm gesagt hatten.

Nun wünschten die Abenteurer mehr Seide und Gold.

---

[11] **war zu sehen** was to be seen.   [12] **die Seide** silk.   [13] **es ist doch wohl besser** it is probably better.   [14] *pronounce:* **der Mini′ster** cabinet member.   [15] **nun, du sagst ja nichts** well, why don't you speak?   [16] **zuhören** listen (to).

Sie sagten, daß sie das für des Königs neue Kleider
brauchten. Der König hörte zu und schickte alles, was sie
wünschten; sie aber steckten alles in ihre eigenen Taschen.
Die Webstühle blieben leer, und doch taten sie so, als ob sie
5   vom frühen Morgen bis spät in die Nacht hinein arbeiteten.
Bald schickte der König einen zweiten Minister zu ihnen,
denn er wollte wissen, wie weit sie nun mit ihrer Arbeit
waren. Der zweite Minister sah nicht mehr als der erste.
Er sah immer wieder die leeren Webstühle an, da aber kein
10   Stoff auf den Stühlen war, konnte er natürlich keinen sehen.
„Ist das nicht ein schönes Stück Stoff?" fragten die beiden
Diebe und zeigten und erklärten das schöne Muster; aber
der Minister sah nichts, weil gar nichts zu sehen da war.
„Ich bin weder dumm noch faul", dachte der Mann, „also
15   muß es meine schlechte Arbeit in meinem guten Amt sein.
Ich tauge nicht für meine Arbeit, aber niemand soll es
wissen." Darauf ging er zurück zum König und sagte: „Sehr
guter Stoff, schöne Muster, wunderbare Farben!" Alle
Leute in der Stadt sprachen nun von dem wunderbaren Stoff
20   für des Königs neue Kleider.
   Nun wollte der König den Stoff selbst sehen, bevor[17] er
fertig war. Mit den klügsten und berühmtesten Männern
des Landes ging er zu dem Haus, wo die Abenteurer webten.
Unter[18] den klügsten Männern waren auch die beiden Minis-
25   ter. Alle standen nun um die Webstühle und die Tische,
und nichts war zu sehen. „Ja, ist das nicht wunderbar?"
sagten die Minister; „welch schöne Farben, welch ein interessantes Muster!" und sie zeigten auf die leeren
Webstühle, denn jeder von ihnen dachte: „Alle können den
30   Stoff sehen, nur ich sehe nichts."
   „Was ist das?" dachte der König, „ich sehe ja gar nichts![19]
Das ist schrecklich![20] Bin ich dumm? Bin ich ein
schlechter König? Tauge ich nicht für mein Amt? Das ist
das Schrecklichste, was mir im Leben geschehen ist."
35   —„Oh, der Stoff ist ganz schön", sagte er dann laut, „er gefällt mir sehr!", und er sah die leeren Webstühle an, denn er

---

[17] **bevor** before. [18] **unter** *here* among. [19] **ich sehe ja gar nichts** why, I
see nothing at all. [20] **schrecklich** terrible.

wollte nicht sagen, daß er nichts sehen konnte. Und alle die klugen und berühmten Männer sahen die leeren Webstühle und die leeren Tische an, und niemand sah mehr als der König. Aber wie der König sagten auch sie: „Der Stoff

5 gefällt mir sehr." —„Schön, wie wunderbar!" ging es von Mund zu Mund. Dann baten sie den König, sehr bald einmal neue Kleider aus dem schönen Stoff zu tragen.

Nun geschah es, daß der König in der nächsten Woche ein großes Fest[21] feiern[22] wollte. Die Minister und alle großen

10 Männer des Landes sollten seine Gäste sein. Die Feier des Festes sollte mit einem Zug[23] durch die Stadt beginnen. Nun arbeiteten die beiden Weber noch fleißiger. Die ganze Nacht vor dem Tage des Festes saßen sie vor ihren leeren Webstühlen und taten so, als ob sie arbeiteten. Sie hatten

15 sechzehn Lichter angezündet. Alle Leute konnten sehen, wie schwer sie an den neuen Kleidern des königs arbeiteten. Endlich sagten sie: „Nun sind die Kleider fertig."

Der König kam mit seinen Ministern selbst zu ihnen, und die beiden Abenteurer hoben den einen Arm in die Luft, als

20 ob sie etwas hielten, und sagten: „Seht, hier sind die neuen Kleider. Alles ist so leicht wie Luft. Das ist das Beste an[24] unserem Stoff; man fühlt nicht, daß man Kleider trägt."

„Ja", sagten die Minister und die klugen Männer, ohne etwas zu sehen, weil gar nichts zu sehen da war, „will der

25 König nun hier vor dem großen Spiegel die alten Kleider ausziehen[25] und die neuen anziehen?"[26] Der König zog seine Kleider, aus und die Diebe taten, als ob sie ihm jedes Stück der neuen Kleider anzogen. „Wie himmlisch[27] sie sitzen,[28] wie schön sie sind", riefen alle. „Welches Muster,

30 welche Farben! Das ist ein himmlisches Kleid!" Aber der König dachte: „Ich fühle nichts, und ich sehe nichts; ich glaube, ich habe gar keine Kleider an". Dann aber sagte er laut: „Das Kleid ist schön, und alles sitzt sehr gut, ich bin zu-

---

[21] **das Fest** festival. [22] **feiern** celebrate; **die Feier** celebration. [23] **der Zug** *here* procession, parade. [24] **an** *here* about. [25] **ausziehen** take off. [26] **anziehen** put on. [27] **himmlisch** heavenly, divine. [28] **sitzen** *here:* fit.

frieden." Und darauf wandte er sich noch einmal zum
Spiegel,[29] sah hinein und sagte: „Ich bin fertig."

So ging nun der herrliche Zug durch die Straßen der Stadt.
Zuerst im Zuge ritten die Reiter des Königs, dann kamen die
5 Soldaten, dann der König selbst mit seinen neuen Kleidern
und endlich die Minister und die klügsten und berühmtesten Männer des Landes. Die Musik spielte, das Volk rief:
„Lang lebe[30] der König!"

Auf einmal hörte man die Stimme eines kleinen Kindes:
10 „Der König hat seine Kleider vergessen. Der König hat gar
nichts an!" rief das Kind. „Himmel, sei still!" sagte der
Vater zu seinem Kind. Aber einer sagte leise in das Ohr
seines Nachbarn, was das Kind gesagt hatte. „Er hat gar
nichts an; das kleine Kind dort sagt, er hat gar nichts an!"
15 —„Er hat gar nichts an!" rief endlich das ganze Volk.

Der König ärgerte sich und dachte: „Vielleicht hat das
dumme Volk recht; aber ich habe das Fest begonnen und
werde weiterspielen, bis es zu Ende ist." Und so ging der
Zug weiter. Das Volk aber sah den König an, suchte seine
20 neuen Kleider und sah nichts, denn das Kind hatte recht.

2. DIE BREMER[31]
STADTMUSIKANTEN[32]

Ein Mann hatte einen Esel. Dieser hatte viele Jahre lang
die Säcke fleißig zur Mühle getragen, aber nun wurde er so
alt und schwach, daß er nicht mehr arbeiten konnte. Da
dachte der Herr: „Warum soll ich ihm länger zu fressen
25 geben? Er ist alt und schwach. Ich will ihn nicht länger behalten. Ich lasse ihn laufen."

Der Esel aber wußte, daß sein Herr ihn nicht mehr im
Stall haben wollte. So lief er weg und machte sich auf den
Weg nach Bremen. „In Bremen", sagte er sich, „kann ich ja
30 Stadtmusikant werden".[33]

Als er ein Stück des Weges gelaufen war, fand er einen

---

[29] he turned once more to the mirror. [30] **lebe** live, may live. [31] **Bremer** of
Bremen. [32] **die Stadt** (city) + **der Musika′nt** (musician) = **der
Stadtmusikant** city musician. [33] **in B. kann ich ja Stadtmusikant werden**
why, in B. I can become (or be) a city musician.

Jagdhund auf dem Wege liegen. Dieser war weit gelaufen
und sehr müde. „Nun, warum bist du so müde, alter
Freund?" fragte der Esel. „Oh", sagte der Hund, „ich bin
alt und werde jeden Tag schwächer. Ich kann auf der Jagd
5   nicht mehr schnell genug laufen, und darum wollte mein
Herr mich töten. Da bin ich gelaufen so schnell ich konnte.
Aber wie soll ich nun mein Essen bekommen?" —„Das ist
nicht schwer", sprach der Esel. „Nichts ist leichter als das.
Ich gehe nach Bremen und werde dort Stadtmusikant. Geh
10   mit[34] und werde auch Musikant!" Der Hund war mit dem
Rat des Esels zufrieden, und sie gingen weiter.

Nicht lange darauf trafen sie eine Katze. Die saß am
Wege und machte ein Gesicht wie drei Tage Regenwetter.
„Nun, warum machst du ein Gesicht wie drei Tage Regen-
15   wetter, du alter Mäusefresser?"[35] sprach der Esel. „Wer
kann froh sein und lachen, wenn er sterben soll?" antwortete
die Katze. „Weil ich alt bin und meine Zähne nicht mehr
scharf sind, liege ich gerne hinter dem Ofen;[36] und da ich für
die Mäusejagd nicht mehr tauge, wollte man mich in den
20   Bach werfen. Da habe ich mich schnell auf den Weg gemacht. Aber nun weiß ich nicht, wo ich genug zu essen
finden kann." —„Nichts ist leichter als das", sprach der
Esel, „geh mit uns nach Bremen. Du bist doch[37] eine gute
Nachtmusikantin. Niemand macht während der Nacht
25   schönere Musik als du. Wir gehen nach Bremen und
werden dort Stadtmusikanten. Werde in Bremen auch Mu-
sikantin!" Die Katze war mit dem Rat des Esels zufrieden
und ging mit.

Bald darauf kamen die drei neuen Freunde an ein
30   Bauernhaus. Da saß auf der Gartenmauer ein Hahn und
schrie und krähte so laut er konnte. „Warum schreist du
denn so, du alter Hahn?" fragte der Esel. „Heute ist
Waschtag", antwortete der Hahn, „die Frauen des Dorfes
wollen heute waschen, und darum sage ich ihnen, daß die
35   Sonne scheinen wird. Aber weil morgen Sonntag ist und am
Sonntag Gäste kommen, so hat die Frau des Hauses gesagt,

---

[34] **mit** *here* along; **mitgehen** go (come) along.   [35] **der Mäusefresser** mouse-
eater.   [36] **der Ofen** stove, furnace; oven.   [37] **doch** *here* surely, certainly.

daß sie mich morgen in der Suppe essen wollen. Heute abend soll man mir den Hals abschneiden,[38] und darum krähe ich, solange ich noch krähen kann." —„Du bist ein großer Philosoph, Rotkopf", sagte der Esel. „Aber warum willst du schon sterben? Etwas Besseres als den Tod kannst du immer finden. Geh mit uns nach Bremen! Du hast doch eine gute Stimme. Werde Stadtmusikant! Wenn wir zusammen Musik machen, freut sich die ganze Stadt." Der Hahn war mit dem Rat des Esels zufrieden, und so ging er mit.

Die Musikanten konnten aber in einem Tage nicht bis nach[39] Bremen reisen, und am Abend kamen sie in einen Wald, wo sie über Nacht bleiben wollten. Der Esel und der Hund legten sich unter einen großen Baum; die Katze setzte sich auf den Ast[40] eines Baumes; der Hahn aber war mit diesem Ast nicht zufrieden, flog auf den höchsten Ast und von dort aus[41] in die Spitze des Baumes, wo er alles sehen konnte. Bevor er einschlief, sah er noch einmal in die Ferne,[42] nach Norden und Süden, nach Westen und Osten. Da glaubte er, in weiter Ferne ein kleines Licht zu sehen, und er rief seinen Gesellen zu:[43] „Ich sehe in der Ferne ein Licht. Einige Meilen von hier muß ein Haus sein." Da sprach der Esel: „So müssen wir uns auf den Weg machen, denn in einem Hause schlafen wir besser als in diesem Wald." —„Das ist wahr", sagte der Hund; „auch finden wir dort vielleicht ein gutes Abendessen. Ich bin so hungrig, daß ich vor Hunger sterbe."

Also machten sie sich auf den Weg. Bald wurde das Licht in der Ferne heller und größer. Sie gingen weiter und standen bald vor einem großen Hause. In dem Haus aber wohnten Diebe und andere Strolche, es war ein Diebesnest. Der Esel als der größte der Musikanten ging an das Fenster und sah hinein. „Was siehst du, Langohr?" fragte der Hahn. „Was ich sehe?" antwortete der Esel. „Ich sehe einen Tisch

---

[38] **abschneiden** cut off; **mir den Hals abschneiden = meinen Hals abschneiden.** [39] **bis nach** as far as. [40] **der Ast** branch. [41] **von dort aus =** **von dort.** [42] **die Ferne** distance; **in weiter Ferne** far in the distance. [43] **zurufen** call to.

mit schönem Essen und Trinken,[44]
und Männer sitzen an dem Tisch und
essen mit großem Appetit." —„Das ist
etwas für uns", sprach der Hahn, „das
5 müssen wir haben".

Nun wollten die Tiere die Diebe aus
dem Haus jagen und hielten Rat.
Endlich wußten sie, was zu tun
war.[45] Der Esel mußte sich mit den
10 Vorderfüßen[46] auf das Fenster stellen;
der Hund sprang auf den Rücken des
Esels; die Katze sprang auf den Rücken
des Hundes, und der Hahn endlich
flog auf den Kopf der Katze. Als das
15 geschehen war, fingen sie auf einmal
an, Musik zu machen. Der Esel schrie,
der Hund bellte, die Katze miaute,
und der Hahn krähte. Dann sprangen
sie durch das Fenster alle zusammen
20 ins Zimmer hinein. Die Strolche
sprangen vom Tisch auf, dachten: „Das Ende der Welt ist
gekommen" und liefen in den Wald hinaus. Nun setzten
sich die vier Musikanten an den Tisch und aßen, was noch da
war. Alle aßen so viel, als ob sie in den nächsten vier
25 Wochen nichts mehr essen sollten.

Als sie gegessen hatten, bliesen sie die Lichter aus, und
jeder suchte sich eine gute Stelle zum Schlafen. Der Esel
ging in den Garten und legte sich in das Gras. Der Hund
fand eine gute Stelle hinter der Tür. Die Katze legte sich in
30 die warme Asche des Ofens, und der Hahn flog auf das Dach
des Hauses. Die Musikanten waren müde und schliefen
sehr bald ein.

Spät in der Nacht sahen die Diebe, daß kein Licht mehr im
Hause brannte.[47] Sie hörten, daß im Hause alles ganz ruhig
35 und still war, und der älteste der Strolche sprach: „Wir sind

---

[44] **mit schönem Essen und Trinken** with good things to eat and drink.
[45] **was zu tun war** what was to be done. [46] **der Vorderfuß** forefoot. [47] **brennen** burn.

sehr dumm gewesen, wir sind zu schnell weggelaufen."
Dann befahl er dem jüngsten von ihnen: „Geh in das Haus
und sieh, ob jemand darin[48] ist."

Der Dieb fand alles still. Er ging in die Küche und wollte
5   ein Licht anzünden. Da sah er die Augen der Katze und
hielt sie für brennende[49] Kohlen. Er hielt ein Stückchen
Holz an die Augen der Katze, damit[50] es Feuer fangen sollte.
Da sprang die Katze ihm ins Gesicht.[51] Der junge Dieb
wollte zur Tür hinauslaufen, aber dort lag der Hund. Dieser
10 sprang auf und biß ihn ins Bein, und als er in den Garten
kam und über das Gras lief, gab ihm der Esel einen kräftigen
Schlag mit dem Huf. Der Hahn auf dem Dach aber erwachte durch den Lärm und rief: „Kikeriki!"

Da lief der Mann so schnell er konnte zu seinen Gesellen
15 zurück und sprach: „In dem Hause sitzt eine schreckliche
Hexe.[52] Die Hexe sitzt am Ofen und hat mir ihre langen
Hexenfinger in die Augen gesteckt. An der Tür steht ein
Mann mit einem langen, scharfen Messer; der hat mich ins
Bein geschnitten. Auf dem Gras im Garten liegt ein Riese,[53]
20 der hat mich mit einem großen, schweren Eisenstock geschlagen. Und auf dem Dach des Hauses, da saß der Richter
und rief mit lauter Stimme: ‚Bringt mir den Dieb! Bringt
mir den Dieb!' Da lief ich weg."

Von dieser Zeit an gingen die Diebe nicht in das Haus
25 zurück. Den vier Bremer Stadtmusikanten aber gefiel es so
gut darin, daß sie darin lebten, bis sie starben.

3. SECHS KOMMEN DURCH
DIE GANZE WELT

Es war einmal[54] ein Mann, der verstand viele Künste. Er
diente seinem König im Krieg[55] und war ein mutiger Soldat.

---

[48] **dari'n** in it; there. [49] **brennend** burning. [50] **dami't** (*conj.*) in order that.
[51] **sprang ihm ins Gesicht** = sprang in sein Gesicht. [52] **die Hexe** witch.
[53] **der Riese** giant. [54] **es war einmal** once (upon a time) there was.
[55] **der Krieg** war.

Aber als der König seine Feinde
geschlagen hatte und der Krieg zu
Ende war, gab er dem Mann nur ein
wenig Geld und ließ ihn gehen.

5 „Warte", sprach der Mann zu dem
König, „das ist nicht recht von dir.
Du tust mir unrecht. Ich suche mir
gute Gesellen, und wenn ich die
richtigen Gesellen finde, so sollst du

10 mir eines Tages das Gold des ganzen
Landes geben."

Dann ging er schnell in den Wald.
Als er in den Wald kam, sah er einen
Riesen. Dieser hatte gerade sechs

15 Bäume aus der Erde gezogen, so wie
andere Leute Gras aus der Erde
ziehen. „Willst du mein Diener sein
und mit mir gehen?" fragte er ihn.

„Ja", antwortete der Starke,[56] „ich
20 will gerne mitgehen und dir dienen,
aber zuerst will ich meiner Mutter ein wenig Holz ins Haus
tragen. Dann komme ich sofort mit." Und er nahm einen
von den sechs Bäumen und band ihm um die anderen fünf,
hob alle sechs auf die Schulter und trug sie ins Haus zu seiner
25 Mutter. Bald kam er zurück und ging mit seinem Herrn.
—Dieser sprach: „Wir zwei sollten[57] wohl durch die ganze
Welt kommen."

Als sie einige Minuten gegangen waren, trafen sie einen
Jäger. Der Jäger lag auf den Knien, er hatte eine Pistole in
30 der Hand und wollte gerade schießen. Da sprach der Mann
zu ihm: „Jäger, was willst du schießen?" Der Jäger antwortete: „Zwei Meilen von hier sitzt eine Fliege[58] auf dem Ast
eines Baumes. Ich will das linke Auge der Fliege treffen."
—„Geh mit mir", sprach der Mann, „wenn wir drei zu-
35 sammen sind, werden wir wohl durch die ganze Welt
kommen".

---

[56] **der Starke** the strong man. [57] **sollten** ought to. [58] **die Fliege** fly.

Der Jäger sagte ja und ging mit ihm, und sie kamen zu
sieben Windmühlen. Die Flügel der sieben Windmühlen
liefen sehr schnell, aber der Wind blies weder von rechts
noch von links, und die Luft war ganz still. Da sprach der
5 Mann zu seinen Dienern: „Ich weiß nicht, warum die
Windmühlen laufen. Ich fühle gar keinen Wind.“ Als sie
zwei Meilen weitergegangen waren, sahen sie jemand auf
einem Baum sitzen. Der hielt einen Finger an das eine Nasenloch[59] und blies aus dem anderen. „Himmel, was tust du
10 da oben?“[60] fragte der Herr. Der Bläser[61] antwortete: „In
weiter Ferne, zwei Meilen von hier, stehen sieben
Windmühlen. Ich arbeite für einen Müller und mache
Wind, damit seine Mühlen laufen.“ —„Geh mit mir“, sagte
der Herr, „wenn wir vier zusammen sind, sollten wir wohl
15 durch die ganze Welt kommen“.

Da stieg der Bläser herab und ging mit. Nach einiger Zeit
trafen sie wieder einen Mann. Dieser stand auf einem
Beine und hatte das andere abgenommen[62] und neben sich
auf die Erde gelegt. Da fragte der Herr: „Warum hast du das
20 linke Bein abgenommen und auf die Erde gelegt?“ —„Ich
bin ein Läufer“,[63] antwortete der Mann, „und um nicht viel
zu schnell zu laufen, habe ich das eine Bein abgenommen.
Wenn ich mit zwei Beinen laufe, so geht es schneller, als ein
Vogel fliegt.“ —„Geh mit mir“, sagte der Herr, „wenn wir
25 fünf zusammen sind, sollten wir wohl durch die ganze Welt
kommen“.

Da ging er mit. Gar nicht lange darauf trafen sie einen
Mann, der hatte einen kleinen Hut auf, hatte den kleinen

---

[59] **das Nasenloch** nostril. [60] **da oben** up there. [61] **der Bläser** blower.
[62] **abnehmen** take off. [63] **der Läufer** runner.

Hut aber ganz auf dem linken Ohr sitzen. Da sprach der
Herr zu ihm: „Warum hängst du deinen Hut auf das linke
Ohr? Du siehst ja aus[64] wie ein Narr! Setze ihn doch
gerade!"[65] —„Ich weiß, es sieht nicht sehr gut aus", sagte der
andere, „aber das Hütchen muß auf dem linken Ohr sitzen;
wenn ich es gerade setze, so wird es auf einmal sehr, sehr
kalt und alle Vögel unter dem Himmel sterben und fallen tot
zur Erde." —„Geh mit mir", sprach der Herr, „wenn wir
sechs zusammen sind, sollten wir wohl durch die ganze Welt
kommen".

Nun gingen die sechs in die Stadt, wo der König wohnte.
Der König hatte vor einigen Tagen zu seinen Ministern gesagt: „Wer mit meiner Tochter um die Wette laufen[66] will
und schneller läuft als sie, der soll meine Tochter zur Frau[67]
haben und auch Prinz werden. Wer aber mit ihr um die Wette
läuft und verliert, der soll auch seinen Kopf verlieren." Da
ging der Meister der Gesellen zu dem König und sagte: „Ich
will deine Tochter gewinnen. Ich will aber nicht selbst

---

[64] **aussehen** look, appear; **du siehst ja aus wie ein Narr** why, you look like
a fool. [65] **gerade** *here* straight. [66] **um die Wette laufen** run a race. [67] **zur
Frau** as his wife.

laufen, sondern meinen Diener für mich laufen lassen."
—„Gut", antwortete der König, „wenn dein Diener verliert,
so gehört mir nicht nur sein Kopf, sondern auch dein Kopf."

Als die Zeit gekommen war, gab der Herr dem Läufer das
5 linke Bein und sprach zu ihm: „Nun laufe so schnell, wie du
kannst; wenn du verlierst, müssen wir beide sterben."

Vor der Stadt war in weiter Ferne ein Brunnen.[68] Wer aus
diesem Brunnen zuerst Wasser zurück brachte, der sollte die
Wette gewinnen. Nun bekam der Läufer einen Krug,[69] und
10 die Königstochter bekam auch einen, und sie fingen zu
gleicher Zeit an zu laufen. Aber in einem Augenblick, als
die Königstochter nur ein Stück des Weges gelaufen war,
konnte man den Läufer schon nicht mehr sehen. Er lief wie
der Wind. In kurzer Zeit kam er an den Brunnen, füllte[70]
15 seinen Krug mit Wasser und lief zurück. In der Mitte des
Weges aber wurde er müde. Er setzte den Krug auf die
Erde, legte sich ins Gras und schlief ein. Den Kopf hatte er
auf einen Stein gelegt, denn er wollte hart liegen und bald
wieder erwachen.

20 Während dieser Zeit war die Königstochter an den
Brunnen gekommen, denn auch sie lief sehr gut. Schnell
füllte sie ihren Krug mit Wasser und lief zurück. Und als sie
den Läufer im Gras liegen und schlafen sah, war sie froh und
sprach: „Der Feind ist in meine Hände gefallen." Darauf
25 leerte sie seinen Krug und sprang weiter.

Nun mußte der Läufer verlieren, wenn nicht bald etwas
geschah. Der Jäger stand oben auf[71] dem Schloß und sah
mit seinen scharfen Augen, daß der Läufer schlief. Da
sprach er: „Die Königstochter soll nicht gewinnen", nahm
30 seine Pistole und schoß auf[72] den Stein unter dem Kopf des
Läufers. Der Stein zerbrach. Da erwachte der Läufer,
sprang auf die Füße und sah, daß sein Krug geleert und die
Königstochter viel weiter war als er. Er nahm seinen Krug,
lief wieder zum Brunnen zurück, füllte den Krug und war
35 noch zehn Minuten früher als die Königstochter im Schloß.

Der König und seine Tochter waren beide sehr böse, weil

---

[68] der Brunnen *here* well. [69] der Krug jug. [70] füllen fill. [71] oben auf up
on, on the top of. [72] auf *here:* at.

ein armer Soldat die Wette gewonnen hatte. Sie wollten
den Soldaten und seine Gesellen gerne loswerden und
hielten Rat miteinander. „Ich weiß, wie wir sie loswerden",[73] sprach der König; „fürchte dich nicht, meine

5 Tochter, sie werden gehen und nie wieder in unser Land
kommen".

Dann sagte er zu den sechs Männern: „Ihr habt die Wette
gewonnen, und darum sollt ihr nun ein schönes Fest feiern."
Dann brachte er sie in ein großes Zimmer. Dieses Zimmer

10 hatte einen Boden[74] von Eisen, und die Türen waren auch
von Eisen, und an den Fenstern waren dicke Stäbe,[75] Stäbe
von Eisen. In der Mitte des Zimmers stand ein großer
Tisch, und auf dem Tische sahen die sechs Leute das beste
Essen. „Geht hinein und seid froh", sagte der König, „ich

15 wünsche euch allen guten Appetit". Darauf ließ er die Tür
fest zumachen und befahl seinem Diener: „Mache ein
Feuer unter dem Eisenzimmer, ein großes, heißes Feuer,
ich habe Gäste."

Der Diener tat, was der König befohlen hatte. Den Ge-
20 sellen im Eßzimmer wurde es sehr heiß, aber sie dachten:
„Das kommt von dem guten Essen." Als es aber immer
heißer wurde, wollten sie hinaus,[76] konnten aber weder die
Türen noch die Fenster öffnen. Da wußten sie, daß der
König sie töten wollte. „Er will uns loswerden, aber er wird

25 es nicht können",[77] sprach der Mann mit dem Hütchen,
„denn ich will Eis und Schnee kommen lassen, und das
Feuer soll kalt werden." Dann setzte er sein Hütchen
gerade auf den Kopf. Sofort wurde es so kalt, daß das Essen
auf den Tellern zu frieren begann.

30 Einige Stunden später ließ der König die Tür öffnen, denn
er dachte: „Nun müssen sie tot sein, jetzt sind wir sie los."
Aber als der Diener die Tür geöffnet hatte, standen die Gesellen da, alle frisch und gesund, und sagten: „Es ist uns
recht, daß du die Tür endlich öffnen läßt, denn hier ist es

35 eiskalt, das Essen friert auf den Tellern." Da wurde der

---

[73] **los** rid of; **loswerden** get rid of; **lossein** be rid of. [74] **der Boden** bottom;
floor. [75] **der Stab** bar; staff, stick. [76] **hinau'sgehen**. [77] **aber er wird es
nicht tun können.**

König sehr böse, rief seinen Diener und fragte ihn: „Warum hast du nicht getan, was ich dir befohlen habe?" Der Diener aber antwortete: „Es ist genug Feuer im Ofen, sieh nur selbst." Da sah der König, daß ein großes Feuer unter
5 dem Eisenzimmer brannte, und er wußte, daß er die sechs Gesellen mit Feuer nicht töten konnte.

Nun ließ der König den Meister der Gesellen kommen und sprach: „Willst du Gold annehmen und dein Recht auf[78] meine Tochter aufgeben? Du sollst haben, soviel du
10 willst." —„O ja, Herr König", antwortete der Meister, „gib mir so viel, wie mein Diener tragen kann, so will ich mein Recht auf deine Tochter aufgeben". Der König war zufrieden, und der Meister sprach weiter: „In vierzehn Tagen will ich zurückkommen und das Gold holen " Darauf ließ
15 der Meister alle Schneider[79] des ganzen Landes zu sich kommen. Die Schneider mußten vierzehn Tage lang sitzen und einen riesengroßen Sack machen. Und als der Sack fertig war, mußte der Starke ihn auf die Schulter nehmen und mit ihm zum König gehen.

20 Da sprach der König: „Was für ein starker Geselle das ist! Er trägt einen riesengroßen Sack auf der Schulter. Wieviel Gold wird der aus meinem Lande tragen!" Da ließ er viel Gold bringen, so viel, daß sechzehn der stärksten Männer es tragen mußten. Aber der Starke nahm es mit einer Hand,
25 steckte es in den Sack und sprach: „Warum bringt ihr nicht sofort mehr? Was ihr gebracht habt, bedeckt ja nicht einmal den Boden."[80] Da ließ der König nach und nach[81] viel Gold aus dem ganzen Lande bringen. Der Starke steckte es in den Sack hinein, aber der Sack wurde nicht voll. „Bringt
30 mehr!" rief der Starke, „bringt viel mehr." Da ließ der König nach und nach noch siebentausend Wagen mit Gold aus dem ganzen Lande holen, und diese steckte der Starke zusammen mit den Pferden in den Sack hinein. „Ich will es nicht längeransehen", sprach er dann, „ich will zufrieden
35 sein und nehmen, was ihr bringt, damit der Sack voll wird".

---

[78] das Recht auf the right (claim) to. [79] der Schneider tailor. [80] es bedeckt ja nicht einmal den Boden why, it does not even cover the bottom. [81] nach und nach little by little; by and by; gradually.

Dann hob er den Sack auf den Rücken und ging mit seinem
Meister und den anderen Gesellen weg.

Als der König nun sah, daß ein Mann das ganze Gold
seines Landes auf den Schultern trug, ärgerte er sich sehr.
5 Er befahl seinen Reitern, den sechs Gesellen zu folgen und
den Sack wieder ins Schloß zu bringen. Bald waren die
Reiter nahe und riefen den Männern zu: „Legt den Sack mit
dem Gold auf die Erde und geht weiter, oder ihr müßt
sterben." —„Was?" lachte der Bläser, „wir sterben? Ich
10 werde euch ein wenig fliegen lassen." Dann legte er den
Finger auf das Nasenloch und blies aus dem andern. Die
Reiter flogen alle miteinander in die blaue Luft und über alle
Berge. Ein Soldat rief dem Bläser zu, ihn wieder auf die
Erde zu lassen. Da ließ der Bläser ihn zurück auf die Erde
15 und sprach zu ihm: „Geh zu deinem König und sage ihm,
daß er noch mehr Reiter schicken soll, damit ich auch diese
in die Luft blasen kann." Als der Soldat dem König sagte,
was geschehen war, sprach er: „Laß die Gesellen laufen.
Ich bin froh, daß ich sie los bin." Da brachten die sechs das
20 Gold nach Hause, teilten es miteinander und lebten glücklich bis an ihr Ende.

EXERCISES

1

A. *Answer the following questions with* **ja** *or* **nein.**

   1. Liebte der König nichts mehr als gutes Essen?
   2. Fand man den König bei der Arbeit, wenn man ihn suchte?

3. Wohnte der König auf dem Lande?
4. Waren die Fremden wahre Weber?
5. Arbeiteten die Fremden an ihren Webstühlen?
6. Schickte der König seinen alten Vater zu den Webern?
7. Zog der König seine alten Kleider aus?
8. Waren die neuen Kleider schwer?
9. Freute sich der König über die Worte des Volkes?

B. *Answer the following questions.*

1. Wie oft trug der König jedes Stück seiner Kleider?
2. Warum sorgte der König nicht für sein Land?
3. Was wollten die Fremden für den König tun?
4. Warum fürchtete sich der König, selbst zu den Webern zu gehen?
5. Was sagte der Minister über den Stoff?
6. Warum konnte der zweite Minister keinen Stoff sehen?
7. Warum sagte der König: „Dieser Stoff gefällt mir?"
8. Wann wollte der König ein großes Fest feiern?
9. Was sagte der König, als er sich zum Spiegel wandte?
10. Welche Leute sah man in dem Zug durch die Straßen?
11. Was rief das kleine Kind, als es den König sah?

2

A. *Answer the following questions with* **ja** *or* **nein.**

1. War der Esel immer faul gewesen?
2. Saß die Katze am Weg und lachte?
3. Kann der Hahn gut krähen?
4. Wohnten in dem Haus gute Leute?
5. Wußten die Tiere, was zu tun war?
6. Schliefen die Tiere alle im Haus?

B. *Answer the following questions.*

1. Warum ließ der Mann den Esel laufen?
2. Wen traf der Esel zuerst?
3. Was wollte der Herr mit seinem alten Hund tun?
4. Wie wollte man die alte Katze töten?
5. Wohin sollte die Katze mitgehen?
6. Was konnte der Hahn von seinem Ast aus sehen?
7. Was taten die Diebe, als die Tiere alle zusammen ins Zimmer sprangen?

8. Wofür hielt der Dieb die Augen der Katze?
9. Wo lebten die vier Bremer Stadtmusikanten von dieser Zeit an?

3

A. *Answer the following questions with* **ja** *or* **nein.**

1. Gab der König dem Mann viel Geld, als der Krieg zu Ende war?
2. Wollte der Riese mit dem Mann mitgehen?
3. Wird es heiß, wenn der Mann sein Hütchen gerade setzt?
4. Will der Meister selbst mit der Königstochter um die Wette laufen?
5. Freute sich der König, daß der Soldat die Wette gewonnen hatte?
6. Wollte der Meister sein Recht auf die Königstochter aufgeben?

B. *Answer the following questions.*

1. Wen sah der Mann, als er in den Wald kam?
2. Was wollte der Jäger schießen?
3. Was tat der Bläser für den Müller?
4. Warum hatte der Läufer das eine Bein abgenommen?
5. Wer sollte die Wette gewinnen?
6. Wer gewann die Wette?
7. Wen wollte der König gern loswerden?
8. Wohin brachte der König die sechs Gesellen?
9. Warum konnten die Gesellen nicht aus dem Zimmer hinaus?
10. Was tat der Mann mit dem Hut, als es so heiß im Zimmer wurde?
11. Wieviel Gold steckte der Starke in seinen Sack?
12. Was taten die sechs Gesellen mit dem Gold?

4. HÄNSEL UND GRETEL

Vor einem großen Walde wohnte einmal ein armer Holzhacker mit seiner Frau und seinen zwei Kindern. Der Junge hieß Hänsel und das Mädchen Gretel. Der Holzhacker hatte wenig Geld, und einmal, als eine böse Zeit ins

Land gekommen war, konnte der arme Mann kein Brot mehr
für seine kleine Familie kaufen.   Am Abend lag er im Bette,
machte sich große Sorgen[1] und sprach zu seiner Frau: „Was
soll aus uns werden?[2]   Wie kann ich Brot bekommen?   Wie
5   können wir unseren armen Kindern zu essen geben, da wir
für uns selbst nichts mehr haben?"   Die Frau aber war die
zweite Frau des Mannes und die Stiefmutter[3] der Kinder.
„Weißt du was?" sagte sie, „wir wollen die Kinder morgen
ganz früh in den Wald hinausbringen, wo er am dicksten ist.
10   Da machen wir ein Feuer und geben jedem noch ein Stückchen Brot; dann gehen wir an unsere Arbeit[4] und lassen sie
allein.   Sie finden den Weg nicht wieder nach Hause, und
wir sind sie los."

„Nein, Frau", sagte der Mann, „das tue ich nicht; wie
15   könnte ich es übers Herz bringen,[5] meine Kinder im Walde
allein zu lassen?   Sollen wilde Tiere kommen und sie zerreißen?" —„O du Narr", sagte die Frau, „dann müssen wir
alle vier vor Hunger sterben", und sie ließ dem armen
Manne keine Ruhe, bis er endlich ja sagte.
20   Die zwei Kinder aber hatten vor Hunger auch nicht geschlafen und alles gehört, was die Stiefmutter zum Vater gesagt hatte.   Gretel weinte, denn sie war noch sehr klein.   Sie
sagte: „Nun sind wir verloren." —„Still, Gretel", antwortete Hänsel, „mache dir keine Sorgen, ich will uns schon[6]
25   helfen".   Und als die Eltern eingeschlafen waren, stand er
auf, zog seine Kleider an, machte die Tür auf und ging leise
hinaus.   Da schien der Mond[7] hell am Himmel, und die
weißen Steinchen vor dem Haus lagen weiß und hell im
Mondlicht.   Hänsel steckte seine Taschen voll von den
30   weißen Steinchen, ging wieder ins Haus und sprach zu
Gretel: „Fürchte dich nicht, liebes Schwesterchen, und
schlaf nur ruhig ein, denn Gott wird uns helfen."   Dann
legte er sich wieder ins Bett.

---

[1] **sich große Sorgen machen** worry greatly.   [2] **was soll aus uns werden?**
what is to (will) become of us?   [3] **die Stiefmutter** stepmother.   [4] **an die
Arbeit gehen** go to work.   [5] **übers Herz bringen** have the heart.   [6] **schon**
here all right, never fear.   [7] **der Mond** moon.

Als der Tag kam, noch bevor die Sonne am Himmel stand, kam schon die Stiefmutter und weckte die beiden Kinder: „Steht auf", sagte sie, „wir wollen in den Wald gehen und Holz holen". Dann gab sie jedem ein Stückchen Brot und
5 sprach: „Da habt ihr etwas für den Mittag, aber eßt es nicht vor Mittag, denn das ist alles, was ihr bekommt." Gretel steckte beide Stückchen Brot in ihre Tasche, weil Hänsel die Steine in der Tasche hatte. Darauf machten sie sich alle zusammen auf den Weg nach dem Wald. Als sie einige Zeit
10 gegangen waren, blieb Hänsel stehen und sah nach dem Haus zurück, und er tat das immer wieder. Der Vater sprach: „Hänsel, was siehst du da, und warum bleibst du zurück? Komm und mach schnell."[8] —„Ach, Vater", sagte Hänsel, „ich sehe nach[9] meinem weißen Kätzchen; das sitzt
15 oben auf dem Dach und will mir auf Wiedersehen sagen." Die Frau sprach: „Narr, das ist nicht dein weißes Kätzchen, das ist die Morgensonne; die Morgensonne scheint auf das Dach." Hänsel aber hatte nicht nach dem Kätzchen gesehen, sondern er hatte nach und nach die weißen Steinchen
20 aus seiner Tasche auf den Weg geworfen.

Als sie in den Wald gekommen waren, sprach der Vater: „Nun sucht Holz, ihr Kinder; ich will ein Feuer machen, damit ihr nicht friert." Hänsel und Gretel fanden viel kleines Holz und legten es zusammen, bis es ein kleiner
25 Berg[10] war. Der Vater zündete das Holz an, und als das Feuer gut brannte und die Flammen[11] hoch in die Luft schlugen,[12] sagte die Frau: „Nun legt euch ans Feuer, ihr Kinder, wir gehen in den Wald und hacken Holz. Wenn wir fertig sind, kommen wir zurück und holen euch."
30 Hänsel und Gretel saßen am Feuer, und als der Mittag kam, aß jedes sein Stückchen Brot. Und weil sie die Schläge der Holzaxt[13] hörten, so dachten sie: „Das ist die Holzaxt des Vaters. Bald holt uns der Vater." Es war aber

---

[8] **schnell machen** hurry up. [9] **sehen nach** look for. [10] **der Berg** *here:* heap, pile. [11] **die Flamme** flame. [12] **hoch in die Luft schlugen** leaped high into the air. [13] **das Holz** (wood) + **die Axt** (ax) = **die Holzaxt** ax (*for cutting wood*).

nicht die Holzaxt, es war ein Ast. Die Stiefmutter hatte ihn
an einen hohlen Baum gebunden, und der Wind blies ihn
hin und her. Und als die Kinder gegessen hatten, waren sie
müde und schliefen ein.

5   Als sie endlich erwachten, war es schon dunkle Nacht.
Gretel fing an zu weinen und sprach: „Wie sollen wir nun
aus dem Walde kommen?" Hänsel aber sagte: „Warte nur,
bis der Mond scheint, dann wollen wir den Weg schon
finden."[14] Und als der volle Mond aufgegangen war und am
10 Himmel stand, nahm Hänsel sein Schwesterchen an der
Hand und folgte den weißen Steinchen auf dem Wege. Sie
gingen die ganze Nacht und kamen endlich früh am Morgen
wieder zum Haus ihres Vaters. Die Stiefmutter machte die
Tür auf, und als sie sah, daß Hänsel und Gretel da waren,
15 sprach sie: „Ihr bösen Kinder, warum habt ihr so lange im
Walde geschlafen? Wir haben geglaubt, ihr wolltet gar nicht
wiederkommen." Der Vater aber freute sich, denn es war
ihm zu Herzen gegangen,[15] daß er sie so allein im Walde ge-
lassen hatte.

20   Nicht lange darauf war wieder kein Brot mehr im Hause,
und die Kinder hörten, wie die Mutter in der Nacht zu dem
Vater sprach: „Alles ist wieder aufgegessen, wir haben nur
noch ein halbes Brot, und dann ist alles zu Ende. Die
Kinder müssen weg,[16] wir wollen sie tiefer in den Wald
25 bringen, damit sie nicht wieder nach Hause kommen
können." Dem Mann ging es zu Herzen, und er sagte: „Es
ist besser, daß wir das letzte Stückchen Brot mit unseren
Kindern teilen." Aber die Frau hörte auf[17] nichts, was er
sagte, und machte ein böses Gesicht. „Wer A sagt, muß
30 auch B sagen",[18] sprach die Frau, und da der Mann das erste
Mal ja gesagt hatte, so mußte er es auch das zweite Mal.
Die Kinder aber schliefen noch nicht und hatten die Worte
der Eltern gehört. Als die Eltern schliefen, stand Hänsel
wieder auf und wollte hinaus, um Steine zu suchen, wie das

---

[14] **wir wollen den Weg schon finden** we'll surely find the way. [15] **es war
ihm zu Herzen gegangen** he had been heavy of heart. [16] **weg: weg-
gehen, aus dem Haus gehen.** [17] **hören auf** listen to. [18] **wer A sagt, muß
auch B sagen** in for a penny, in for a pound.

letzte Mal; aber die Frau hatte die Tür fest zugemacht und Hänsel konnte nicht hinaus.   Da sprach er zu seinem Schwesterchen: „Gretel, mache dir keine Sorgen, und schlafe nur ruhig; der liebe Gott wird uns schon helfen."[19]

5   Am frühen Morgen kam die Stiefmutter und holte die Kinder aus dem Bette.   Sie bekamen ihr Stückchen Brot, aber noch kleinere Stückchen als das letzte Mal.   Auf dem Wege nach dem Wald blieb Hänsel oft stehen, nahm ein Stückchen Brot aus der Tasche und warf es auf die Erde.

10   „Hänsel, warum bleibst du stehen und folgst uns nicht?" fragte der Vater; „was siehst du da, und warum bleibst du zurück?   Mach schnell!"   —„Ich sehe nach meinem Häschen, das sitzt auf dem Feld und will mir auf Wiedersehen sagen", antwortete Hänsel.   „Narr", sagte die Stiefmutter,

15   „das ist nicht dein Häschen, das ist die Morgensonne, die Morgensonne scheint auf das Feld."   Hänsel aber nahm nach und nach alle Stückchen Brot aus der Tasche und warf sie auf den Weg.

Die Frau brachte die Kinder noch tiefer in den Wald, wo

20   sie in ihrem ganzen Leben noch nicht gewesen waren.   Der Vater machte wieder ein großes Feuer, und die Mutter sagte: „Bleibt hier, ihr Kinder, und wenn ihr müde seid, könnt ihr ein wenig schlafen.   Wir gehen in den Wald und hacken Holz, und am Abend, wenn wir fertig sind, kommen wir und

25   holen euch."[66]   Als es Mittag war, teilte Gretel ihr Brot mit Hänsel, denn Hänsel hatte sein Stück auf den Weg geworfen.   Dann schliefen sie ein, und der Abend verging, und die Nacht kam, aber niemand sah nach den armen Kindern.   Sie erwachten endlich in der dunklen Nacht, und

30   Hänsel sprach zu seinem Schwesterchen: „Warte nur, Gretel, bis der Mond auf den Wald scheint, dann werden wir die Brotstückchen auf der Erde sehen; die zeigen uns den Weg nach Hause."

Als der Mond endlich schien, machten sie sich auf den

35   Weg, aber sie fanden keine Brotstückchen mehr, denn die Vögel im Walde hatten sie gefressen.   Hänsel sagte zu

---

[19] **er wird uns schon helfen** he will surely help us.

Gretel: „Wir werden den Weg schon finden." Aber sie
fanden ihn nicht. Sie gingen die ganze Nacht und noch
einen Tag vom frühen Morgen bis zum späten Abend, aber
sie kamen aus dem Walde nicht heraus.[20] Auch waren sie
5 sehr hungrig, denn sie hatten lange nichts gegessen. Und
da sie so müde waren, daß die Beine sie nicht mehr tragen
wollten, so legten sie sich unter einen Baum und schliefen
ein.

Nun war es schon der dritte Morgen, daß sie aus dem
10 Hause ihres Vaters gegangen waren. Sie fingen wieder an
zu gehen, aber sie kamen immer tiefer in den Wald, und
wenn nicht bald etwas geschah, so waren sie verloren und
mußten vor Hunger sterben. Als es Mittag war, sahen sie
ein schönes, schneeweißes Vögelchen auf einem Ast sitzen,
15 das sang so schön, daß sie stehen blieben, ganz still standen
und zuhörten. Und als es fertig war, hob es seine Flügel
und flog vor ihnen her,[21] und sie folgten dem kleinen Vogel,
bis er an ein Häuschen kam und sich auf das Dach setzte.
Und als sie näher kamen, sahen sie, daß das Häuschen aus
20 Brot und mit Kuchen bedeckt war; aber die Fenster waren
aus hellem Zucker.

„Das soll uns gut schmecken", sprach Hänsel, „Hunger
und Appetit haben wir mehr als wir brauchen. Ich will ein
Stück vom Dach essen; du, Gretel, kannst vom Fenster
25 essen, denn das ist aus Zucker und schmeckt süß." Hänsel
brach ein Stückchen vom Dache ab,[22] um zu sehen, wie es
ihm schmeckte, und Gretel stellte sich ans Fenster und nahm
ein wenig von dem süßen Zucker. Da rief auf einmal eine
Stimme aus dem Zimmer heraus:

30   „Wer ißt von meinem Häuschen?"

Die Kinder antworteten:

           „Der Wind, der Wind,
           Das himmlische Kind,"

---

[20] herau'skommen come out, get out.   [21] vor ihnen her = vor ihnen.
[22] abbrechen break off.

und sie aßen ruhig weiter. Hänsel schmeckte das Dach sehr
gut; er nahm sich ein großes Stück davon,[23] und Gretel
schmeckte das kleine, runde Fensterchen auch sehr gut.
Da öffnete sich[24] auf einmal die Tür, und eine sehr alte
5   Frau trat in die Tür. Sie ging an einem langen Stock und
kam langsam heraus. Hänsel und Gretel fürchteten sich sehr
und ließen alles fallen, was sie in den Händen hielten. Die
Alte aber sprach: „Ihr lieben Kinder, wie kommt ihr an mein
Häuschen? Wer hat euch gebracht? Kommt nur ins Haus.
10 Nichts Böses soll euch geschehen." Sie faßte beide an der
Hand und nahm sie in ihr Häuschen. Dann setzte sie gutes
Essen auf den Tisch, Milch, Brot, Pfannkuchen mit Zucker,
Äpfel und viele andere gute Dinge. Später legte die Alte
zwei weiße Decken[25] auf zwei Betten, und Hänsel und
15 Gretel gingen zu Bett und dachten: „Nun sind wir im
Himmel."

Die alte Frau war keine gute Frau. Sie war eine böse
Hexe; sie stahl kleine Kinder von ihren Eltern und
brauchte[26] ihr Brothäuschen nur, um Kinder zu fangen.
20 Wenn sie eins fing, so tötete sie es, kochte und aß es, und das
war ein Festessen für sie. Die Hexen haben rote Augen und
können nicht weit sehen; aber sie haben eine gute Nase und
können so gut riechen wie die Tiere und wissen, wenn
Menschen nahe sind. Als Hänsel und Gretel näher kamen,
25 da lachte sie böse und sprach: „Die habe ich, die sind mein,
die sollen nicht wieder entkommen."

Früh am Morgen, bevor die Kinder erwacht waren, stand
sie schon auf, und als sie beide so ruhig schlafen sah, mit
den vollen, roten Backen, freute sie sich sehr und sagte zu
30 sich: „Das wird ein gutes Essen werden." Dann faßte sie
Hänsel mit ihrer schrecklichen Hexenhand, trug ihn in
einen kleinen Stall und machte die Tür zu. Hänsel schrie
so laut er konnte, aber es half ihm nichts.[27] Er konnte die
Stalltür nicht öffnen. Dann ging sie zu Gretel, weckte sie

---

[23] **davo'n** of it. [24] **sich öffnen** open. [25] **die Decke** *here* cover. [26] **brauchen**
here use. [27] **es half ihm nichts** it did not help him.

und rief: „Steh auf, hole Wasser und koche deinem Bruder etwas Gutes. Er sitzt im Stall und soll fett werden. Wenn er fett ist, so will ich ihn kochen und essen." Gretel fing an zu weinen, aber es half ihr nichts, und sie mußte tun, was die Hexe wollte.

Nun kochten Gretel und die Hexe für Hänsel das beste Essen, aber Gretel bekam nichts als Brot. Jeden Morgen ging die Hexe zu dem Ställchen und rief: „Hänsel, stecke einen Finger aus der Tür, damit ich fühle, ob du bald fett bist." Hänsel aber steckte keinen Finger aus der Tür, sondern ein dünnes Stöckchen, und die Alte konnte es nicht sehen, weil sie schlechte Augen hatte. Und sie war erstaunt, weil Hänsel gar nicht fett werden wollte. Nach vier Wochen war Hänsel noch immer nicht fetter, aber die Hexe wollte nicht länger warten. „Gretel", rief sie dem Mädchen zu, „hole schnell Wasser; ob Hänsel fett ist oder nicht, ich will ihn kochen und essen." Oh, wie weinte das arme Schwesterchen, als es das Wasser tragen mußte. „Lieber Gott, hilf uns doch!" rief sie. „Lieber sollen die wilden Tiere im Walde uns fressen, denn dann sterben wir zusammen." —„Schweig still!" rief die Hexe, „kein Wort mehr,[28] es hilft dir alles nichts."[29]

Früh am Morgen mußte Gretel aufstehen, Feuer machen und Wasser über das Feuer hängen. „Zuerst wollen wir backen", sagte die Hexe, „der Backofen[30] ist schon heiß." Dann stieß sie die arme Gretel zum Backofen. Große Feuerflammen schlugen heraus.[31] „Geh hinein", sagte die Hexe, „und sieh, ob es warm genug darin ist, damit wir das Brot hineinstellen[32] können". Und wenn Gretel im Ofen war, wollte sie ihn zumachen, und Gretel sollte darin braten, und dann wollte sie das arme Kind auch essen. Aber Gretel wußte, was die Hexe wollte, und sprach: „Ich weiß nicht, wie ich das machen soll;[33] wie komme ich in den Backofen hinein?" —„Dummes Kind", sagte die Alte, „die Tür ist

---

[28] **kein Wort mehr** not another word. [29] **es hilft dir alles nichts** nothing will do you any good. [30] **der Backofen** baking oven. [31] **herau'sschlagen** leap out. [32] **hinei'nstellen** put in. [33] **wie ich das tun soll.**

groß genug, siehst du, ich kann selbst hinein." Dann steckte sie den Kopf in den Backofen. Da kam Gretel und gab ihr einen Stoß, daß sie in den Ofen hineinfiel.[34] Dann machte Gretel die Ofentür ganz fest zu. Die Hexe fing an,
5 schrecklich zu rufen und zu schreien, aber Gretel lief weg, und die böse Hexe mußte verbrennen.

Gretel aber lief sofort zu Hänsel, öffnete sein Ställchen und rief: „Hänsel, wir sind frei, ganz frei, die alte Hexe ist tot!" Da sprang Hänsel heraus, wie ein Vogel aus dem
10 Käfig, wenn man die Tür öffnet. Die Kinder freuten sich, fielen einander um den Hals, küßten[35] sich und waren ganz und gar glücklich. Sie fürchteten sich nicht mehr vor der alten Hexe und gingen in das Haus hinein. Da standen in allen Ecken und an allen Wänden große Säcke mit Dia-
15 manten. „Die sind noch besser als kleine, weiße Stein-chen", sagte Hänsel und steckte in seine Taschen, was er hineinstecken konnte. Gretel sagte: „Ich will auch etwas nach Hause bringen", und auch sie steckte in ihre Taschen, was hineingehen wollte. „Aber jetzt wollen wir gehen",
20 sagte Hänsel, „damit wir endlich aus dem Hexenwald herauskommen".

Als sie aber einige Stunden gegangen waren, kamen sie an ein großes Wasser. „Wir können nicht über das Wasser", sprach Hänsel. —„Nein", antwortete Gretel, „hier fährt
25 kein Schiffchen, und ich sehe kein Boot; aber da schwimmt eine weiße Ente; wenn ich sie bitte, trägt sie uns hinüber an die andere Seite." Da rief sie die Ente, und sie kam, und Hänsel setzte sich auf ihren Rücken und bat Gretel, auch zu kommen. „Nein", antwortete Gretel, „wir sind zu schwer,
30 sie soll uns nacheinander[36] tragen, zuerst dich und dann mich." Das tat die gute Ente, und als sie glücklich an der anderen Seite waren und eine kurze Zeit weitergingen, da wußten sie langsam, wo sie waren, und endlich sahen sie das Haus ihres Vaters. Sie fingen an zu laufen, sprangen ins
35 Zimmer hinein und fielen ihrem Vater um den Hals.[37] Der

---

[34] **hinei'nfallen** fall in. [35] **küssen** kiss. [36] **nacheinander** one after another, successively. [37] **sie fielen ihrem Vater um den Hals** they threw their arms around their father's neck.

arme Mann hatte keine frohe Stunde gehabt, seit die Kinder
weg waren. Die Stiefmutter war gestorben. Gretel warf
einige Diamanten aus ihren Taschen auf den Boden, und
Hänsel warf eine Handvoll nach der anderen auf den Tisch.
5   Da hatten auf einmal alle Sorgen ein Ende, und sie lebten
glücklich und zufrieden. Und wenn sie nicht gestorben
sind, dann leben sie heute noch.

5. DORNRÖSCHEN[38]

Vor vielen Jahren lebten ein König und eine Königin, die
wunschten sich ein Kind, aber sie bekamen keins. Da ge-
10 schah es, als die Königin einmal im Bad saß, daß ein Frosch
aus dem Wasser ans Land kam und zu ihr sprach: „Bevor ein
Jahr vergeht, wirst du eine Tochter zur Welt bringen."[39]
   Was der Frosch gesagt hatte, das geschah, und die Königin
brachte ein Mädchen zur Welt; das war so schön, daß der
15 König vor Freude[40] nicht wußte, was er tun sollte, und ein
großes Fest feierte. Er ließ nicht nur seine Familie und
Freunde kommen, sondern auch die klügsten Frauen des
Landes. Dreizehn solche Frauen waren in seinem Land;
weil er aber nur zwölf Teller aus Gold[41] hatte, so mußte eine
20 von ihnen zu Hause bleiben.
   Das Fest war wunderbar, und als es zu Ende war,
wünschten die Frauen dem Kind alles Gute und Schöne, viel
Freude und Glück. Als die elfte Frau dem Kind Glück
gewünscht hatte, trat auf einmal die dreizehnte ins Zimmer
25 und rief mit lauter Stimme: „Die Königstochter soll sich in
ihrem fünfzehnten Jahr an einer Spindel[42] stechen[43] und tot
zur Erde fallen." Und ohne weiter ein Wort zu sprechen,
ging sie hinaus. Da trat die zwölfte Frau vor den König,
denn sie hatte ihren Wunsch noch nicht getan. Sie wollte
30 mit ihrem Wunsch dem Kind helfen und sagte: „Es soll aber
kein Tod sein, sondern nur ein langer, tiefer Schlaf."

---

[38] **der Dorn** thorn, briar. **das Dornröschen** little briar rose, Sleeping
Beauty. [39] **zur Welt bringen** give birth to. [40] **die Freude** joy; **vor Freude**
with joy. [41] **aus Gold** made of gold. [42] **die Spindel** spindle. [43] **stechen**
stick, prick.

Der König wollte sein liebes Kind glücklich machen und befahl darum, alle Spindeln im ganzen Land zu verbrennen.

An dem Tag, an dem[44] das Mädchen gerade fünfzehn Jahre alt war, waren der König und die Königin nicht zu Hause,
5 und so blieb die Königstochter ganz allein im Schloß. Da ging sie durch alle Zimmer und kam endlich an einen alten Turm. Sie stieg hinauf und kam an eine kleine Tür. Als sie die Tür öffnete, saß da in einem kleinen Zimmer eine alte Frau mit einer Spindel und spann.[45] „Guten Tag, du altes
10 Mütterchen", sprach die Königstochter, „was machst du da?" —„Ich spinne", sagte die Alte. „Was für ein Ding ist das?" fragte das Mädchen, nahm die Spindel, wollte auch spinnen und stach sich in den Finger.

In dem Augenblick aber, als sie sich mit der Spindel gesto-
15 chen hatte, fiel sie auf das Bett der alten Frau und lag in einem tiefen Schlaf. Und bald schlief das ganze Schloß. Der König und die Königin waren gerade nach Hause ge- kommen und ins Zimmer getreten; sie schliefen ein und alle ihre Diener und Dienerinnen mit ihnen. Nach kurzer Zeit

---

[44] **an dem** on which, when. [45] **spinnen** spin.

schliefen auch die Hunde, die Vögel auf dem Dach, die
Fliegen an der Wand. Auch das Feuer im Ofen wurde still
und schlief ein. Und das Fleisch kochte nicht mehr, und
alle Leute in der Küche schliefen ein. Auch der Wind legte
5 sich, und auf den Bäumen vor dem Schloß wurde alles still.
   Um das Schloß aber begann eine Dornenhecke[46] zu
wachsen;[47] sie wuchs jedes Jahr höher und wuchs so hoch,
daß gar nichts mehr von dem Schloß zu sehen war, nicht
einmal das Dach. Die Leute im Land erzählten aber von
10 dem schönen schlafenden[48] Dornröschen, denn so nannte
man die Königstochter, so daß von Zeit zu Zeit Königssöhne
kamen und durch die Dornenhecke in das Schloß reiten
wollten. Aber niemand konnte es. Die Dornen hielten fest
zusammen, und die Mutigsten blieben in den Dornen
15 hängen,[49] konnten nicht zurück und mußten sterben.

   Nach langen, langen Jahren kam wieder einmal ein Königssohn in das Land und hörte, wie ein alter Mann von der
Dornenhecke erzählte. „Ein Schloß soll hinter der Hecke
stehen", sagte der alte Mann, „und eine schöne Königs-
20 tochter, Dornröschen genannt, soll[50] seit hundert Jahren
dort schlafen, und mit ihr schläft der König und die Königin
und alle ihre Diener. Schon viele Königssöhne sind gekommen und haben versucht, durch die Dornenhecke zu
reiten, aber sie blieben in den Dornen hängen und starben."
25 Da sprach der Prinz: „Ich fürchte mich nicht; ich will

---

[46] **der Dorn** (thorn) + **die Hecke** (hedge) = **die Dornenhecke** hedge of
thorns. [47] **wachsen** grow. [48] **schlafend** sleeping. [49] **hängen bleiben** be
caught (by *or* in). [50] **soll** is said to.

hinaus⁵¹ und das schöne Dornröschen sehen." Der gute
Mann warnte ihn, aber der Prinz hörte nicht auf seine Worte.
    Nun waren aber gerade hundert Jahre vergangen, und der
Tag war gekommen, an dem Dornröschen wieder erwachen
5 sollte. Als der Königssohn an die Dornenhecke kam, waren
dort viele schöne, große Blumen, die teilten sich und ließen
ihn durchreiten; hinter ihm aber wuchsen sie wieder zu
einer Hecke zusammen.
    Vor dem Schloß sah er die Pferde und Hunde liegen und
10 schlafen. Auf dem Dach saßen die Vögel und hatten das
Köpfchen unter den Flügel gesteckt. Und als er ins Haus
kam, schliefen die Fliegen an der Wand. Dann ging er
weiter und sah den König, die Königin und alle Diener
schlafen, und alles war ganz still. Endlich kam er zu dem
15 Turm und öffnete die Tür zu dem kleinen Zimmer, wo
Dornröschen schlief.

    Da lag sie und war so schön, daß er sie immer ansehen
mußte. Und er sah sie lange an, und endlich küßte er sie.
Dornröschen erwachte und sah den Prinzen freundlich an.
20 Darauf gingen sie zusammen hinab, und der König erwachte, und die Königin und alle Diener und Dienerinnen
erwachten und sahen einander mit großen Augen an. Und
die Pferde standen auf, die Jagdhunde bellten, die Vögel auf
dem Dach zogen das Köpfchen unter dem Flügel hervor,⁵²
25 die Fliegen an den Wänden flogen auf, das Feuer in der
Küche brannte wieder und kochte das Essen, das Fleisch

---

⁵¹ **ich will hinau′sgehen, hinau′sreiten.** ⁵² **unter dem Flügel hervor** from
under the (their) wing(s).

fing wieder an zu braten. Und dann feierte der König ein wunderbares Fest. Der Königssohn und Dornröschen wurden Mann und Frau und lebten glücklich bis an ihr Ende.

EXERCISES

4

A. *Answer the following questions with* **ja** *or* **nein.**

1. Hatte der Holzhacker viel zu essen?
2. Kamen die Eltern zu ihren Kindern im Wald zurück?
3. Fanden die Kinder beide Male den Weg zurück nach Hause?
4. Hatte die alte Frau Kinder gern?
5. Steckte Gretel ihren Kopf in den Backofen hinein?
6. Trug die Ente beide zusammen an die andere Seite des Wassers?
7. Lebte die Stiefmutter noch, als die Kinder nach Hause kamen?

B. *Answer the following questions.*

1. Wie wollte die Stiefmutter die Kinder loswerden?
2. Was warf Hänsel auf den Weg, als sie in den Wald gingen?
3. Wie fanden die Kinder nach Hause zurück?
4. Warum teilte Gretel ihr Brot mit Hänsel?
5. Wie lange folgten die Kinder dem kleinen Vogel?
6. Wer wohnte in dem Brothäuschen?
7. Wohin trug die Hexe den armen Hänsel?
8. Wie wurden die Kinder die Hexe los?
9. Was fanden sie im Haus der Hexe?

5

A. *Answer the following questions with* **ja** *or* **nein.**

1. Feierte der König vor Freude ein Fest?
2. Hatte der König dreizehn Teller aus Gold?
3. Traf die Königstochter eine alte Frau im Turmzimmer?
4. Fiel nur die Königstochter in einen tiefen Schlaf?

5. Ritten viele Königssöhne durch die Dornenhecke des Schlosses?

B. *Answer the following questions.*

1. Was sagte der Frosch zu der Königin?
2. Wen ließ der König zu dem Fest kommen?
3. Was rief die dreizehnte Frau mit lauter Stimme?
4. Was für einen Wunsch hatte die zwölfte Frau?
5. An welchem Tag blieb die Königstochter allein im Schloß?
6. Was geschah, als die Königstochter sich mit der Spindel gestochen hatte?
7. Was wuchs um das Schloß?
8. Wie nannten die Leute die Königstochter?
9. Was geschah, als der Königssohn Dornröschen küßte?
10. Wie lange hatte Dornröschen geschlafen?

Vocabulary Building

A. *Form adjectives in* **-ig**. *Omit the letters in parentheses.*

EXAMPLE: der Sand *sand;* **sandig** *sandy*

die Seid(e)	die Farb(e)	der Durst
die Freud(e)	die Luft	der Hung(e)r
das Feu(e)r	der Dorn	das Eis
die Sonn(e)	der Berg	das Glas
die Eck(e)	der Busch	

B. *Form masculine nouns denoting the agent. Use* umlaut *where indicated.*

EXAMPLE: arbeiten *work;* **der Arbeiter** *the worker*

tragen (≔)	besuchen	geben
jagen (≔)	dienen	nehmen
laufen (≔)	finden	trinken
kaufen (≔)	schwimmen	

C. *Form feminine nouns with the suffix* -in *from the verbs in* B. *Use* umlaut *as in* B.

EXAMPLE: arbeiten *work;* **die Arbeiterin** *the worker (fem.)*

D. *Form compound verbs with the separable prefix* **ab,** *off, away.*

    EXAMPLE: brechen *break;* **abbrechen** *break off*

schneiden	zählen	schicken
schlagen	fliegen	heben
fallen	laufen	reisen
nehmen	reiten	werfen
rufen		

E. *Form compound verbs with the separable prefix* **auf,** *up, open.*

    EXAMPLE: blasen *blow;* **aufblasen** *blow up, inflate*

essen	heben	steigen
fressen	machen	fliegen
geben	springen	schneiden
gehen	stehen	

F. *Form compound verbs with the separable prefix* **aus,** *out.*

    EXAMPLE: gehen *go;* **ausgehen** *go out*

tragen	suchen	laufen
rufen	stellen	steigen
leeren	geben	werfen
schicken	denken	

G. *Form compound verbs with the separable prefix* **herab,** *down (toward the speaker).*

    EXAMPLE: fliegen *fly;* **herabfliegen** *fly down*

tragen	schreien	laufen
rufen	fallen	werfen
jagen	schicken	bringen

H. *Form compound verbs from the verbs in* G *and the separable prefix* **heraus,** *out (toward the speaker).*

I. *In the same way form compound verbs from the verbs in* G *and the separable prefix* **hinab,** *down (away from the speaker).*

J. *Do likewise with* **hinaus,** *out (away from the speaker).*

Idioms Used in the Text

Der König **sorgte** nicht **für** seine Bürger.

Auf den Stühlen **war** kein Stoff **zu sehen.**

Die Musikanten konnten nicht **bis nach** Bremen reisen.

Da sprang die Katze **ihm ins Gesicht.**

Wer will mit meiner Tochter **um die Wette laufen?**

Er soll meine Tochter **zur Frau haben.**

Willst du dein **Recht auf** meine Tochter aufgeben.

Da ließ der König **nach und nach** viel Gold bringen.

Er **machte sich** große **Sorgen.**

Dann **gehen** wir **an die Arbeit.**

Wie könnte ich **es übers Herz bringen?**

Komm und **mach schnell!**

Es war ihm **zu Herzen gegangen,** daß die Kinder allein waren.

Die Frau **hörte auf** nichts, was er sagte.

Der Vogel flog **vor** ihnen **her.**

Sie weinte, aber **es half** ihr **nichts.**

Sie **fielen** ihrem Vater **um den Hals.**

Du wirst eine Tochter **zur Welt bringen.**

Er hatte nur zwölf Teller **aus Gold.**

Die Vögel zogen ihre Köpfchen **unter** den Flügeln **hervor.**

Vocabulary (Part A)

die Axt	die Flamme	der Musikant
bevor	füllen	der Ofen
der Dorn	der Kuß; küssen	spinnen
das Fest	der Minister	

(Part B)

das Amt	die Fliege	der Mond
anziehen	die Freude	das Muster
der Ast	die Hecke	das Nasenloch
ausziehen	die Hexe	der Riese
der Bläser	himmlisch	der Schneider
der Boden	krähen	schrecklich
brennen	der Krieg	die Seide
damit	der Krug	die Spindel
die Feier; feiern	der Läufer	der Stab
die Ferne	los- (sein; werden)	stechen

die Stiefmutter   der Vorderfuß   der Webstuhl
der Stoff   wachsen   zuhören
taugen   weben; der Weber   zurufen

Verb Appendix

Irregular verbs are often among the most frequently used verbs in German, and their principal parts must be memorized as you learn the verbs. The sequence of principal parts is: (1) infinitive, (2) third person singular present tense, (3) first/third person singular past tense (used from Part 3 on), and (4) past participle preceded by the appropriate auxiliary verb (used from Part 4 on).

backen	bäckt	backte	hat gebacken
befehlen	befiehlt	befahl	hat befohlen
beginnen	beginnt	begann	hat begonnen
beißen	beißt	biß	hat gebissen
bekommen	bekommt	bekam	hat bekommem
binden	bindet	band	hat gebunden
bitten	bittet	bat	hat gebeten
blasen	bläst	blies	hat geblasen
bleiben	bleibt	blieb	ist geblieben
braten	brät	briet	hat gebraten
brechen	bricht	brach	hat gebrochen
brennen	brennt	brannte	hat gebrannt
bringen	bringt	brachte	hat gebracht
denken	denkt	dachte	hat gedacht
essen	ißt	aß	hat gegessen
fahren	fährt	fuhr	hat/ist gefahren[1]
fallen	fällt	fiel	ist gefallen
fangen	fängt	fing	hat gefangen
finden	findet	fand	hat gefunden
fliegen	fliegt	flog	hat/ist geflogen[1]
fressen	frißt	fraß	hat gefressen
frieren	friert	fror	hat gefroren

geben	gibt	gab	hat gegeben
gefallen	gefällt	gefiel	hat gefallen
gehen	geht	ging	ist gegangen
geschehen	geschieht	geschah	ist geschehen
gewinnen	gewinnt	gewann	hat gewonnen
haben	hat	hatte	hat gehabt
halten	hält	hielt	hat gehalten
hängen	hängt	hing	hat gehangen
heben	hebt	hob	hat gehoben
heißen	heißt	hieß	hat geheißen
kennen	kennt	kannte	hat gekannt
kommen	kommt	kam	ist gekommen
lassen	läßt	ließ	hat gelassen
laufen	läuft	lief	ist gelaufen
lesen	liest	las	hat gelesen
liegen	liegt	lag	hat gelegen
lügen	lügt	log	hat gelogen
nehmen	nimmt	nahm	hat genommen
nennen	nennt	nannte	hat genannt
reißen	reißt	riß	ist gerissen[1]
reiten	reitet	ritt	ist geritten[1]
riechen	riecht	roch	hat gerochen
rufen	ruft	rief	hat gerufen
scheinen	scheint	schien	hat geschienen
schießen	schießt	schoß	hat geschossen
schlafen	schläft	schlief	hat geschlafen
schlagen	schlägt	schlug	hat geschlagen
schneiden	schneidet	schnitt	hat geschnitten
schreiben	schreibt	schrieb	hat geschrieben
schreien	schreit	schrie	hat geschrieen
schwimmen	schwimmt	schwamm	ist geschwommen
sehen	sieht	sah	hat gesehen
singen	singt	sang	hat gesungen
sinken	sinkt	sank	ist gesunken
sitzen	sitzt	saß	hat gesessen
spinnen	spinnt	spann	hat gesponnen
sprechen	spricht	sprach	hat gesprochen
springen	springt	sprang	ist gesprungen
stechen	sticht	stach	hat gestochen
steigen	steigt	stieg	ist gestiegen
sterben	stirbt	starb	ist gestorben
streiten	streitet	stritt	hat gestritten
tragen	trägt	trug	hat getragen
treffen	trifft	traf	hat getroffen
treten	tritt	trat	hat/ist getreten[1]

trinken	trinkt	trank	hat getrunken
tun	tut	tat	hat getan
vergessen	vergißt	vergaß	hat vergessen
verlieren	verliert	verlor	hat verloren
wachsen	wächst	wuchs	ist gewachsen
waschen	wäscht	wusch	hat gewaschen
wenden	wendet	wandte	hat gewandt
werden	wird	wurde	ist geworden
werfen	wirft	warf	hat geworfen
wissen	weiß	wußte	hat gewußt
ziehen	zieht	zog	hat/ist gezogen[2]

[1] Certain verbs which are usually intransitive can also be used with a direct object, in which case the auxiliary verb is **haben** (**Ich habe das Auto in die Garage gefahren**).   [2] used with **haben** in the meaning *pull,* with **sein** in the meaning *move.*

Vocabulary

Nouns are given with plural endings (unless the plural is not commonly used): **das Haar, –e; das Haus, ⁓er.** Genitives are indicated for masculines when the ending is not –s or –es: **der Löwe, –n, –n; der Name, –ns, –n.**

Principal parts of irregular verbs are indicated as follows: **wissen (weiß; wußte, gewußt); sehen (ie; a, e),** which means: **sehen (er sieht; sah, gesehen).** An asterisk (*) after a verb with a prefix means that the principal parts are indicated under the simple verb. Note that the Verb Appendix gives a complete list of the irregular verbs used in this text.

The following are omitted: articles, contractions of prepositions with the article, personal pronouns, possessives, personal names, place names identical or nearly identical to their English equivalents, regularly formed comparatives and superlatives, diminutives, nouns with the feminine suffix **–in** used only in vocabulary building, and infinitives used as nouns. A few elementary features, like easy compounds or the addition of the English adverb ending **–ly,** are included for the benefit of beginners reading the early texts, whereas no such aids are given for words introduced in later sections.

Stress is marked (′) after the stressed vowel unless it falls on the first syllable or on the syllable following one of the unstressed prefixes (**be–, emp–, ent–, er–, ge–, ver–, zer–**). Two stress marks in longer words (**Sta′dtmusika′nt**) mean two major stresses.

ab off, away
abbrechen° break off
der **Abend, –e** evening; eve; **am**

Abend in the evening; **bis spät am Abend, bis zum späten Abend** until late at night; **eines Abends** one evening; **heute abend** tonight; **morgen abend** tomorrow night; das **Abendessen,—** evening meal, dinner, supper

das **Abenteuer,—** adventure; der **Abenteurer,—** adventurer

aber but, however

abnehmen° take off

abreisen travel away, depart

abschneiden° cut off

absegeln sail away, set sail

abstra'kt abstract

acht eight; **achtzehn** eighteen, **achtzig** eighty

der **Affe, –n, –n** ape, monkey

all all; **alle Augenblicke** every few moments; **alles** all, everything; everybody; **alles einsteigen** all aboard; **alles, was** all that; **es hilft dir alles nichts** nothing will do you any good

allei'n alone

als as; (*after comp.*) than; (*conj.*) when; **als ob** as if, as though; **nichts als** nothing but

also therefore, thus, then, hence, so

alt old, ancient; **so alt** so old, old enough; der **Alte** (*adj. infl.*) old man; die **Alte** old woman; die **Alten** old folks

die **Ameise, –n** ant

das **Amt, ̈er** office

an at, to, on; by, along; with regard to, about; **am Abend** (*or* **Morgen**) in the evening (*or* morning); **am besten** best; **am dicksten** densest; **am Wege** by the wayside; **bis an** until, up to, to, as far as; **von jetzt** (*or* **nun**) **an** from now on; **von Mittag an** from noon (on)

ander other; **andere** others;

alles andere all the other things, everything else

die **Anekdo'te, –n** anecdote

der **Anfang, ̈e** beginning; **anfangen°** begin

die **Angst, ̈e** fear; **Angst haben (vor)** be afraid (of)

der **Anker,—** anchor

ankommen° arrive

annehmen° take on, accept

ansehen° look at, inspect

die **Antwort, –en (auf)** answer (to); **antworten (auf)** answer

anziehen° put on (clothes)

anzünden light

der **Apfel, ̈** apple; der **Apfelbaum, ̈e** apple tree

der **Appeti't** appetite; **Appetit haben** have an appetite

(der) **Apríl** April

die **Arbeit, –en** work, piece of work; paper; **arbeiten** work; der **Arbeiter,—** worker; das **Arbeitszimmer,—** workroom, study

der **Ärger** anger, vexation, annoyance; **ärgern** anger, vex, annoy, tease; **sich ärgern (über)** be angry (at), be vexed (by), take offense (at)

arm poor

der **Arm, –e** arm

die **Armee', –n** army

der **Arzt, ̈e** die **Ärztin, –nen** physician

die **Asche** ashes

der **Ast, ̈e** (*big*) branch

auch also, too; even; **auch nicht** neither, not . . . either; **auch noch** besides, in addition; **auch nur** even as much; **wohi'n . . . auch** wherever, no matter where

auf on, upon; up; open; **auf deutsch** (*or* **englisch,** *etc.*) in German (*or* English, *etc.*);

auf einmal all of a sudden;
auf immer for ever
aufblasen* blow up, inflate
auffressen* eat up, devour
die Aufgabe, –n task; lesson, assignment
aufgeben* give up; abandon
aufheben* pick up, lift, raise
aufmachen open
aufschneiden* cut open
aufschreiben* write down
aufspringen* jump up
aufstehen* stand up, get up, rise
das Auge, –n eye; der Augenblick, –e moment
(der) Augúst August
aus out; out of, from; made of; von . . . aus from; auseina'nder apart
ausschicken send out
aussehen* look
ausziehen* take off (clothes)
das Auto, –s car
die Axt, ⸚e ax

der Bach, ⸚e brook, creek
die Backe, –n cheek
backen (bäckt, backte, gebacken) bake; der Bäcker,—, die Bäckerin, –nen baker; der Bäckergeselle, –n, –n journeyman baker; der Bäckermeister,— masterbaker; der Backofen, ⸚(baking-)oven; die Backstube, –n bakehouse, bakery
das Bad, ⸚er bath; baden bathe; das Badezimmer,— bathroom
der Bahnhof, ⸚e railway station
bald soon
der Bär, –en, –en bear
der Baro'n, –e baron
der Bauer, –n, –n farmer, peas-ant; die Bäuerin, –nen farmer's wife; das Bauernhaus, ⸚er farmhouse; das Bauernmädchen,—farm girl
der Baum, ⸚e tree; der Baumstumpf, ⸚e stump of a tree
bedecken cover
bedeuten mean, signify
der Befehl, –e command, order; befehlen (ie; a, o) order, bid, command
beginnen (a, o) begin
der Beginn, beginning
behalten* keep, retain
bei at, near, with; by; at the house of
beide both; (the) two
das Bein, –e leg
beinah(e) nearly, almost
das Beispiel, –e example; zum Beispiel for example
beißen (i, i) bite
bekommen* get, receive, obtain
bellen bark
der Berg, –e mountain; heap, pile
berühmt famous
besser better; best best; am besten best
der Besuch, –e visit; zu Besuch for a visit; besuchen visit, come (or go) to see; der Besucher,—visitor
das Bett, –en bed
der Beutel,—pouch
bevor before
bewachen (vor) watch, guard (against)
bezahlen pay
die Biene, –n bee; der Bienenkorb, ⸚e beehive
das Bier, –e beer
das Bild, –er picture
binden (bindet; a, u) bind, tie
bis till, until, to; bis an, bis auf,

bis nach, bis zu until, up to, to, as far as

bitte please; **bitten (bittet; bat, gebeten) (um)** ask (for), request; **ich bitte dich** I ask you

blasen (ä, ie, a) blow; **der Bläser,**—blower

das Blatt, ̈er leaf

blau blue

bleiben (ie, ie) stay, remain; **hängen bleiben** be caught, get stuck; **stehen bleiben** stop

blind blind

blond blond

die Blume, –n flower

der Bock, ̈e he-goat, billy-goat

der Boden, ̈ bottom; floor

das Boot, –e boat

böse bad, wicked, evil; angry, cross; **böse auf** provoked at, angry with

braten (ä; ie, a) fry

brauchen need; use

braun brown

brechen (i; a, o) break

Bremer (*indeclinable adj.***) (of) Bremen**

brennen (brannte, gebrannt) burn

der Brief, –e letter

die Brille, –n (eye)glasses

bringen (brachte, gebracht) bring, take; **übers Herz bringen** have the heart; **zur Welt bringen** give birth to

britisch British

das Brot, –e bread; loaf of bread

der Bruder, ̈ brother

brüllen roar

der Brunnen,—fountain, well

die Brust, ̈e chest, breast

das Buch, ̈er book; **der Buchstabe, –n** letter

der Bürger,— citizen; **der Bürgermeister,**— mayor

der Bus, –se bus

der Busch, ̈e bush, shrub

die Butter butter

–chen,—(*neuter suffix*) little, dear

da (*adv.*) there; then; (*conj.*) since

das Dach, ̈er roof

dafür for it

die Dame, –n lady

dami't (*conj.*) in order that, so that

daneben next to it

danke thank you, thanks; **danken** thank, say thank you

dann then

darauf thereupon, after that; **nicht lange darau'f** a little later

darin in it

darum therefore, for that reason, that is why

das (*pron.*) that; **dasselbe** the same thing(s); **daß** (*conj.*) that

davo'n of it; **dazu'** for that

die Decke, –n cover, blanket; ceiling

denken (dachte, gedacht) (an) think (of)

denn for; *in a question, expresses curiosity or impatience; omit in translation*

der, die, das (*pron.*) he, she, it; that (those); **derselbe** the same

deutsch German; **auf deutsch** in German; **der Deutsche** (*adj. infl.*) German; (das) **Deutschland** Germany

(der)Dezémber December

der Diama'nt, –en, –en diamond

dick thick, fat, plump; dense; **am dicksten** densest

der **Dieb, –e** thief; das **Diebesnest, –er** nest (den) of thieves
dienen serve; der **Diener,—**
servant
(der) **Dienstag, –e** Tuesday
dieser this (one); the latter
das **Ding, –e** thing
der **Dire'ktor, –'en** director
doch yet, still; after all, indeed,
surely, certainly, why don't
you?; anyway; yes indeed
der **Doktor, –'en** doctor; die
Doktorarbeit, –en thesis for
the doctorate
(der) **Donnerstag, –e** Thursday
das **Doppelkinn, –e** double
chin
das **Dorf, ⸚er** village
der **Dorn, –en** thorn; die **Dornenhecke, –n** hedge of
thorns; (das) **Do'rnrö'schen**
little briar rose, Sleeping
Beauty
dort there
drei three; **dreizehn** thirteen;
dreißig thirty
dumm dumb, stupid, dull; der
Dummkopf, ⸚e blockhead,
dumbbell, dope
dunkel (dunkl–) dark
dünn thin
durch through
durchschneiden° cut through,
cut in two
dürfen (darf; durfte, gedurft) be
permitted to, be allowed to
(may); *with negative:* must
(not)
der **Durst** thirst; **Durst haben**
be thirsty; **durstig** thirsty

das **Echo** echo
die **Ecke, –n** corner; **eckig** cor-
nered; angular
das **Ei, –er** egg
eigen own

eina'nder each other, one another
einige some, a few
einmal one time, once; some-
time; **es war einma'l** once
upon a time there was; **auf
einmal** all of a sudden; **nicht
einma'l** not even; **noch einmal** once more
eins one (*numeral*)
einschlafen° fall asleep, go to
sleep
einsteigen° get in; **alles einsteigen** all aboard
das **Eis** ice; der **Eisberg, –e** ice-
berg
das **Eisen** iron
eiskalt ice-cold
der **Elefa'nt, –en, –en** elephant
ele'ktrisch electric(al)
elf eleven
die **Eltern** (*plur.*) parents
empfangen° receive
das **Ende, –n** end; death; **am
Ende** in the end, finally; **zu
Ende** at an end, ended, past;
enden (endet) end; **endlich**
finally
englisch English; **auf englisch**
in English
entdecken discover
die **Ente, –n** duck
entkommen° escape, get away
die **Erde** earth; ground
erklären explain
erlauben allow, permit
erscheinen° appear; **erscheinen lassen** publish
erst first
erstaunt astonished
erwachen awake, wake up
erzählen tell, narrate, tell a
story (*or* stories); der **Erzähler,—** narrator
der **Esel,—** donkey, jackass
essen (i; a, gegessen) eat; **zu**

essen geben feed; **das Essen,**—eating; meal, repast, food; **das Eßzimmer,**—dining room

etwas something; some; anything

die Eule, –n owl; (**der**) **Eulenspiegel** Owlglass

das Exámen,—examination

fahren (ä; u, a) go (*vehicle*)

fallen (ä; ie, a) fall; **fallen lassen** let fall, drop; **einem um den Hals fallen** throw one's arms around one's neck

falsch wrong(ly): false, treacherous

die Fami'lie, –n family

fangen (ä; i, a) catch, capture

die Farbe, –n color

fassen seize, take hold of

faul lazy

(**der**) **Februar** February

die Feder, –n feather

der Fehler,—mistake; defect, shortcoming

die Feier, –n celebration; **feiern** celebrate

der Feind, –e enemy

das Feld, –er field

das Fenster,—window

die Ferien (*plur*.) vacation; **in die Ferien fahren** go on vacation

die Ferne, –n distance; **in weiter Ferne** far in the distance, far away

der Fernseher, —television set

fertig ready; done, finished

fest firm, tight

das Fest, –e festival; **das Festessen,**—feast

festhalten° hold fast, hold on to

festsitzen° sit fast, be firmly fixed, be stuck

fett fat

das Feuer,—fire

finden (findet; a, u) find

der Finger,—finger

der Fisch, –e fish; **fischen** fish

flach flat; shallow

die Flamme, –n flame

die Flasche, –n bottle

das Fleisch meat, flesh

fleißig industrious, hardworking, hard at work

die Fliege, –n fly; **fliegen (o, o)** fly

fließen (o, o) flow

der Flügel,—wing

der Fluß, ⸚e river

folgen follow; obey

die Frage, –n question; **eine Frage stellen (an)** ask a question (of); **fragen (nach)** ask (about)

die Frau, –en woman; wife; mistress, Mrs.; **das Fräulein,**—young lady; Miss

frei free; open

(**der**) **Freitag, –e** Friday

fremd foreign; strange; **der Fremde (*adj. infl.*)** stranger; **die Fremdsprache, –n** foreign language

fressen (i; a, e) eat

die Freude, –n joy; **vor Freude** with joy; **sich freuen (über)** be pleased (at), be glad (about); **das (*or* es) freut mich (*etc.*)** that (*or* it) pleases me (*etc.*), makes me (*etc.*) glad *or* happy

der Freund, –e friend; **die Freundin, –nen** friend; **freundlich** friendly; **die Freundschaft, –en** friendship

frieren (o, o) freeze, be cold

frisch fresh

froh glad, cheerful

der Frosch, ⸚e frog

früh early; **der Frühling, –e**

spring; das **Frühstück** breakfast

der **Fuchs, ⸚e** fox

fühlen feel

füllen fill

fünf five; das **Fünfmárkstück,
–e** five mark coin; **fünfzehn**
fifteen; **fünfzig** fifty

für for; **halten für** consider; **was
für (ein)** what kind (*or* sort) of
(a), what a

fürchten fear; **sich fürchten
(vor)** be afraid (of)

der **Fuß, ⸚e** foot; **auf großem
Fuße leben** live on a grand
scale; **zu Fuß gehen** walk

die **Gabel, –n** fork

ganz entire(ly), whole; quite;
ganz allei′n all alone; **das
ganze Jahr lang** all year; **den
ganzen Morgen** all morning;
ganz und gar altogether

gar kein no . . . at all; **gar
nicht** not at all; **gar nichts**
nothing at all; **das ist noch gar
nichts** that is nothing; **ganz
und gar** altogether

die **Garáge, –n** garage

der **Garten, ⸚garden**

der **Gast, ⸚e** guest; das
**Gastzimmer,—common
room, taproom**

geben (i; a, e) give; **es gibt**
there is, there are; **die Hand
geben** shake hands with;
eine gute Lehre geben teach
a lesson; **zu essen geben** feed

geboren born

gefallen* please; **es gefällt dir**
(*etc.*) you (*etc.*) like it

gegen against; toward, **stoßen
gegen** hit

gehen (ging, gegangen) go,
walk; **es geht ihm zu Herzen**
he is heavy of heart

gehören belong

gelb yellow

das **Geld, –er** money; **der Geldbeutel,   —moneybag;   das
Geldstück,–e** coin

das **Gemüse,—vegetable(s)**

genau exact(ly); **genau so wie**
exactly as; just as

genug enough

gerade straight; just, just now;
happen to

gern(e) gladly, willingly, with
pleasure;   like   to;   **gerne
haben** like, be fond of; **er ist
gern(e) allein** he likes to be
alone; **gerne kochen** like to
cook, be fond of cooking

geschehen (ie; a, e) happen, be
done; **das geschieht ihm recht**
that serves him right

das **Geschenk, –e** present

die **Geschichte, –n** story; history

der **Geselle, –n, –n** journeyman, helper, companion;
fellow

das **Gesicht, –er** face

gestern yesterday

gesund healthy

gewinnen (a, o) win

das **Glas, ⸚er** glass

glauben (an) believe (in); think

gleich equal; same; **zu gleicher
Zeit** at the same time

das **Glück** luck; happiness;
Glück haben be lucky; **glücklich** happy; lucky; success-
fully

das **Gold** gold; **golden** gold(en)

der **Gott, ⸚er** god; der **liebe
Gott** the dear Lord

das **Gras, ⸚er** grass

grau gray

(das) **Griechenland** Greece

die **Grille, –n** cricket
groß great, big, large; tall; grown up; **groß werden** grow up; die **Großeltern** (*plur.*) grandparents; die **Großmutter,** ⸚ grandmother; der **Großvater,** ⸚ grandfather
grün green
der **Grund,** ⸚e ground, bottom; reason, cause
gut good, well, **guten Tag** how do you do?; **viel Gutes** many good things

das **Haar, –e** hair
haben (hat; hatte, gehabt) have
hacken hack, chop
der **Hahn,** ⸚e rooster, cock
halb half; **halb sieben** half past six
der **Hals,** ⸚e neck, throat
halt! halt! stop!; halten (ä; ie, a) hold, keep; stop; **halten für** take for, consider
die **Hand,** ⸚e hand; der **Handschuh, –e** glove
hängen (i, a) hang; **hängen bleiben** be caught, get stuck
hart hard, harsh
der **Hase, –n, –n** hare, (jack-) rabbit
häufig frequent
das **Haus,** ⸚er house; **nach Hause** home; **zu Hause** at home; die **Haustür, –en** front door
heben (o, o) lift, raise
die **Hecke, –n** hedge
heilen heal, cure
heimlich secret
heiß hot
heißen (ie, ei) be called, be named; mean, signify; **das heißt** that means, that is to say
helfen (i; a, o) help; **es hilft dir**

alles nichts nothing will do you any good
hell light, bright
die **Henne, –n** hen
her here (*toward the speaker*); **hin und her** to and fro, back and forth; **vor . . . her** ahead of
hera'b down (*toward the speaker*); **von . . . hera'b** down from; **vom Baume hera'b** down from the tree
hera'bfallen° fall down
hera'bfliegen° fly down
hera'bsteigen° climb down
herau's out; **aus . . . herau's** out of
herau'sschlagen° leap out
der **Herbst, –e** fall, autumn
die **Herde, –n** herd, flock
der **Herr, –n, –en** master; gentleman, lord; Mr.; sir
hervo'r forth; **unter . . . hervo'r** from under
das **Herz, –ens, –en** heart; **übers Herz bringen** have the heart; **es geht ihm zu Herzen** he is heavy of heart
heute today; **heute abend** tonight; **heute noch, noch heute** to this day
die **Hexe, –n** witch
hier here
der **Himmel,—** sky; heaven; **himmlisch** heavenly, divine
hin to (*away from speaker*); **hin und her** to and fro, back and forth
hina'b down (*away from speaker*)
hinau'f up(ward)
hinau's out; **aus . . . hinau's** out of
hinei'n in; **in . . . hinei'n** into; **bis spät in die Nacht hinei'n** until late in the night

hinei'nfallen° fall in
hinei'nstellen put in
hinter behind
hinü'ber over, across; hinu'nter
down
die Hitze heat
hoch (hoh–) high
holen get, fetch, bring
das Holz, ⸚er wood; die Holzaxt, ⸚e woodcutter's ax; der
Holzhacker,—woodcutter
der Honig honey
hören hear; hören auf listen to
das Hote'l, –s hotel
der   Huf,   –e   hoof;   das
Hufeisen,—horseshoe
der Humo'r humor; Humor
haben have a sense of humor
der Hund, –e dog; das Hunde-
wetter beastly weather
hundert hundred
der Hunger hunger; Hunger
haben   be   hungry;   vor
Hunger sterben die of
hunger, starve (to death);
hungrig (nach) hungry (for)
der Hut, ⸚e hat

immer always; immer größer
(or fetter, etc.) bigger and
bigger (fatter and fatter, etc.);
immer noch, noch immer
still; immer wieder again and
again; auf immer for ever
in in, into
–in, –nen suffix for fem. nouns
(das) Indien India
der I'nfiniti'v, –e infinitive
interessa'nt interesting; Interessa'ntes   interesting
things; etwas Interessa'ntes
something interesting; nichts
Interessa'ntes nothing interesting

ja yes; as you know; in fact, in-

deed; why; das ist ja why,
that is
die Jagd, –en hunt; der Jagdhund, –e hunting-dog; das
Jagdmesser,—hunting-knife;
jagen hunt, chase; race; der
Jäger,—hunter
das Jahr, –e year; die Jahreszeit, –en season; der Jahrmarkt, ⸚e (annual) fair
(der) Januar January
jeder each (one), every(one);
any(one);   jedesmal   each
time, every time
jemand someone, somebody;
anyone
jener that (one)
jetzt now; von jetzt an from
now on
(der) Juli July
jung young; der Junge, –n, –n
boy
(der) Juni June

der Kaffee coffee; die Kaffeemühle, –n coffee-grinder
der Käfig, –e cage
kalt cold
der Kapitä'n, –e captain
die Karikatu'r, –en caricature
die Karte, –n card
der Käse,—cheese
die   Katze,   –n   cat;   das
Kätzchen,—kitten
kaufen buy; der Käufer,—
buyer; der Kaufmann, Kaufleute merchant
kein no, not a, not any; keiner
no one, none, neither; keins
none
der Keller,—cellar, basement
kennen   (kannte,   gekannt)
know, be acquainted with
die Kette, –n chain
kikeriki' cock-a-doodle-doo
das Kilome'ter, —kilometer

das **Kind, -er** child; der
Kindergarten, ⸚nursery
school
das **Kinn, -e** chin
die **Kirche, -n** church; der
Kirchturm, ⸚e steeple
die **Klage, -n** complaint; **klagen**
complain
klar clear
die **Klasse, -n** class
das **Klavie′r, -e** piano; der
Klavie′rspieler,—pianist
das **Kleid, -er** dress, garment;
(*plur. also*) clothes
klein small, little; der **Kleine**
(*adj. infl.*) little one, child,
boy
klug intelligent, clever
das **Knie,**—knee
kochen cook
die **Kohle, -n** coal
kommen (a, o) come; get;
kommen lassen send for
komponie′ren compose; das
Komponie′ren composing,
composition, writing of
music; der **Komponi′st, -en,**
-en composer
konkre′t concrete
der **König, -e** king; die **Kö-**
nigin, -nen queen
können (kann; konnte, ge-
konnt) be able to (can); be
able to do (can do); be able to
go (can go); know how; **er**
kann es (nicht) he can(not) do
it; **könnte** could
das **Konze′rt, -e** concert, con-
certo
der **Kopf,** ⸚e head; **mir an den**
Kopf at my head; **was kommt**
dir in den Kopf what are you
thinking about (*or* of), what is
the matter with you
der **Korb,** ⸚e basket
das **Korn,** ⸚er grain

der **Körper,**—body
kosten (kostet) cost
kräftig strong, vigorous, powerful
die **Krähe, -n** crow; **krähen**
crow
krank ill, sick; der **Kranke** (*adj.*
infl.) sick person, patient; das
Krankenhaus, ⸚er hospital;
die **Krankheit, -en** illness,
disease
der **Krieg, -e** war
das **Krokodi′l, -e** crocodile
der **Krug,** ⸚e jug
die **Küche, -n** kitchen
der **Kuchen,**—cake
die **Kuh,** ⸚e cow
kühl cool
die **Kunst,** ⸚e art; skill; trick;
der **Künstler,**—artist
kurz short, brief
die **Kusi′ne, -n** cousin (*female*)
küssen kiss

lachen (über) laugh (at *or*
about)
das **Lamm,** ⸚er lamb
das **Land,** ⸚er land, country;
shore; **auf das Land gehen**
(fahren) go to the country; **auf**
dem Lande sein be in the
country
lang long; (*time indication* +)
lang for . . .: **das ganze**
Jahr lang all year; **eine**
Stunde lang for an hour; **zehn**
Jahre lang for ten years; **zwei**
Wochen lang for two weeks;
lange a long time, long; **nicht**
lange darau′f a little later;
nicht mehr lange not much
longer; **langsam** slow(ly)
der **Lärm** noise
lassen (ä; ie, a) let; leave; make,
have; **sie ließen ihm sagen**
they notified him; **erscheinen**

lassen publish; **fallen lassen** let fall, drop; **gehen lassen** let go, permit (*or* allow) to go, send away, dismiss; **kommen lassen** send for; **keine Ruhe lassen** give no peace

latei′nisch Latin

laufen (äu; ie, au) run; der Läufer,—runner, racer

laut loud, aloud

leben live; das **Leben,**—life

leer empty; **leeren** empty

legen lay, place, put; **sich legen** lie down; lie; subside; **sich auf die Knie legen** kneel down

die **Lehre, –n** lesson; apprenticeship; **in die Lehre geben** (*or* **schicken**) apprentice; **lehren** teach; der **Lehrer,**—, die **Lehrerin, –nen** teacher

leicht light; easy, easily

leise soft(ly), gentle, gently, quiet(ly)

lernen learn

lesen (ie; a, e) read; der Leser,—reader

letzt last

die **Leute** (*plur.*) people

das **Licht, –e** *or* **–er** light; candle

lieb dear; **lieber** rather, sooner; like better, prefer: **lieber essen** like better (to eat); **lieber haben** like better, prefer; **am liebsten** like best; **am liebsten haben** like best; die **Liebe (zu)** love (for); **lieben** love

liegen (a, e) lie; be situated; **auf den Knien liegen** be kneeling; das **Zimmer liegt nach dem Garten** the room faces the garden

link left; **links** the left (side)

die **Lippe, –n** lip

die **Literatúr** literature

das **Loch, ⸚er** hole; opening

los loose; **los sein** be rid of; **loslassen**° let loose, let off, let go; **loswerden**° get rid of

der **Löwe –n, –n** lion

die **Luft, ⸚e** air; **luftig** airy

lügen (o, o) lie; der **Lügner,**—liar

der **Lump, –en** scamp, scoundrel

machen make, do; **schnell machen** hurry up; **sich auf den Weg machen** be on one's way, set out on one's way; **sich (große) Sorgen machen** worry (greatly)

das **Mädchen,**— girl; maid

der **Magen,**—stomach; die **Magenschmerzen** (*plur.*) stomach-ache

mahlen grind

(der) **Mai** May

mal time(s); das **Mal, –e** time; **zum ersten Male** for the first time; **zum drittenmal** for the third time

malen paint; der **Maler,**—painter

man one; people, we, they

mancher many a; **manche** (*plur.*) some

manchmal sometimes

der **Mann, ⸚er** man; husband

die **Mark** mark (German currency)

der **Markt, ⸚e** market; der **Marktplatz, ⸚e** market place

(der) **März** March

die **Mauer, –n** wall

die **Maus, ⸚e** mouse; der **Mäusefresser,**—mouse-eater

die **Medizi′n** medicine

das **Meer, –e** ocean, sea

mehr more; **kein . . . mehr** no

more, no . . . any longer;
kein Wort mehr not another
word; **nicht mehr** no more, no
longer; **nicht mehr lange** not
much longer; **nichts mehr**
nothing any more, not any
more, no more; **mehrere** several
die **Meile, –n** mile
der **Meister,—**master
der **Mensch, –en, –en** human
being, man, person; (*plur.
also*) people; **Menschen–**
human
das **Messer,—**knife
das **Meter,—**meter
miau'en mew
die **Milch** milk
mild(e) mild
die **Millio'n, –en** million; der
Millionä'r, –e millionaire
der **Mini'ster,—**minister, secretary of state
die **Minu'te, –n** minute
mit with; along; **mi'teina'nder**
with one another, with each
other, together; **mitgehen°**
go along, come along
der **Mittag, –e** midday, noon;
das **Mittagessen, —** noon
meal, dinner, lunch; die
Mitte, –n middle, center
(der) **Mittwoch** Wednesday
mode'rn modern
der **Monat, –e** month
der **Mond, –e** moon
(der) **Montag, –e** Monday
morgen tomorrow; der **Morgen**
morning; **am Morgen** in the
morning; **eines Morgens** one
morning; **vom frühen
Morgen** from early in the
morning
müde tired
die **Mühle, –n** mill; der
Müller,—miller

(das) **München** Munich
der **Mund** mouth
das **Muse'um, –e'en** museum
die **Musi'k** music; der
Musika'nt, –en, –en musician
müssen (muß; mußte, gemußt)
have to (must); have to do
(must do)
das **Muster,—**pattern; model
mutig brave, courageous
die **Mutter, ** mother

nach after; to; **das Zimmer liegt
nach dem Garten** the room
faces the garden; **nach Hause**
home; **nach und nach** little
by little, gradually; **bis nach**
as far as; **fragen nach** ask
about
der **Nachbar, –s** *or* **–n, –n**
neighbor
na'cheina'nder one after another, successively
nachgehen° (geht nach) be
slow
nachlaufen° run after, follow
der **Nachmittag, –e** afternoon;
am Nachmittag in the afternoon; **eines Nachmittags** one
afternoon
nächst next; nearest
die **Nacht, e** night; **bei Nacht**
at night; die **Nachtigall, –en**
nightingale
nahe near, close: die **Nähe** vicinity, **in der Nähe (von)**
near, close (to)
der **Name, –ns, –n** name
der **Narr, –en, –en** fool
die **Nase, –n** nose; das **Nasenloch, er** nostril
natü'rlich of course, natural(ly)
neben next to, beside
nehmen (nimmt; nahm, genommen) take
nein no

nennen (nannte, gennant) name, call

das **Nest, –er** nest

das **Netz, –e** net

neu new; **von neuem** anew; das **Neujahr** New Year ('s day)

neun nine; **néunzehn** nineteen; **neunzig** ninety

nicht not; **nicht einma'l** not even; **nicht lange darau'f** a little later; **nicht länger** no longer; **nicht mehr** no more, no longer; **nicht mehr lange** not much longer; **nicht weniger** no less; **auch nicht** neither, not . . . either; **noch nicht** not yet

nichts nothing; **nichts als** nothing but; **nichts mehr** nothing any more, not any more, no more; **es half ihm nichts** it did not help him; **es hilft dir alles nichts** nothing will do you any good

nie never; **niemand** nobody, no one, not . . . anybody

noch still; **ich weiß noch** I remember; **das ist noch gar nichts** that is nothing; **noch bevor** even before; **noch ein** another; **noch einmal** once more; **noch heute, heute noch** to this day; **noch kein** no . . . yet; **noch nicht** not yet; **auch noch** besides, in addition; **weder . . . noch** neither . . . nor

der **Norden** north; der **Nordo'sten** northeast

(der) **November** November

die **Nummer, –n** number

nun now; (*initially before comma*) well

nur only, just

(das) **Nürnberg** Nürnberg, Nuremberg

o oh

ob whether; **als ob** as if, as though

oben above; up, upstairs; **oben am Fluß** upstream; **oben auf** up on, on the top of; **oben auf dem Wasser** on the surface of the water; **da oben** up there

oder or

der **Ofen,⁓** stove, furnace; oven

öffnen open

oft often

oh oh

ohne without; **ohne . . . zu** . . . without . . . ing

das **Ohr, –en** ear

(der) **Október** October

der **Onkel,—**uncle

die **Ordnungszahl, –en** ordinal numeral

der **Osten** east; (das) **Osti'ndien** East India

das **Papie'r, –e** paper; der **Papie'rkorb, ⁓e** waste-paper basket

der **Park, –e** *or* **–s** park

der **Pelz, –e** pelt, fur

der **Pfannkuchen,—**pancake

der **Pfennig, –(e)** penny

das **Pferd, –e** horse; **zu Pferde** on horseback

der **Philoso'ph, –en, –en** philosopher

piep peep (*bird's sound*)

die **Pisto'le, –n** pistol

der **Platz, ⁓e** place; seat; square; **Platz nehmen** take a seat; sit down

platzen burst, explode

der **Prinz, –en, –en** prince

der **Profe'ssor, –'en**; die **Professo'rin, —nen** professor

das **Pulver,—**powder

der **Rabe, –n, –n** raven

der **Rat,** ⸚e council; counsel, advice; das **Rathaus,** ⸚er city hall, town hall

das **Rätsel,**—riddle

recht right; quite, very, very much; **recht haben** be right; **es ist mir recht** it suits me; das **Recht, –e (auf)** right, claim (to); **rechts** the right (side)

der **Regen,**—rain; das **Regenwetter** rainy weather; **regnen** rain

reich rich

die **Reise, –n** journey, trip; **reisen** travel

reißen (i, i) tear, der **reißende Fluß** rapid river

reiten (i, i) ride; der **Reiter,**— die **Reiterin, –nen** rider, horseman (horsewoman)

relati'v relative(ly)

das **Restauránt, –s** restaurant

der **Richter,**—judge

richtig right, correct(ly); real, regular

riechen (o, o) smell

der **Riese, –n, –n** giant

der **Ring, –e** ring

der **Ritt, –e** ride (on horseback)

der **Rock,** ⸚e coat

die **Rose, –n** rose

rot red

der **Rücken,**—back

der **Ruf, –e** shout; **rufen (ie, u)** call, shout

die **Ruhe** rest; **Ruhe lassen** give peace; **ruhen** rest; **ruhig** quiet; **zur letzten Ruhe tragen** carry to (his/her) last resting place

rund round

(das) **Rußland** Russia

(das) **Sachsen** Saxony

der **Sack,** ⸚e sack, bag

sagen say, tell

(der) **Samstag, –e** Saturday

der **Satz,** ⸚e sentence

das **Schaf, –e** sheep; der **Schäfer,**—shepherd

der **Schalk, –e** wag, rogue

scharf sharp

der **Schatten,**—shadow, shade

scheinen (ie, ie) shine

schenken give, present, make a present (of)

schicken send

schießen (o, o) shoot

das **Schiff, –e** ship, boat

der **Schlaf** sleep; **schlafen (ä; ie, a)** sleep, be asleep

schlaff slack, limp, indolent

die **Schlafmütze, –n** sleepy head; das **Schlafzimmer,**—bedroom

der **Schlag,** ⸚e blow; **schlagen (ä; u, a)** beat, strike; fasten, post;leap; **in Stücke schlagen** smash (to pieces); **sich schlagen** fight

der **Schlara'ffe, –n, –n** lazy man; das **Schlara'ffenland** land of Cockaigne, fool's paradise

schlecht bad, poor

das **Schloß,** ⸚er palace

schmecken taste

der **Schmerz, –en** pain, ache

der **Schmied, –e** (black)smith; **schmieden** forge

der **Schnabel,** ⸚ bill, beak

der **Schnee** snow; der **Schneeball,** ⸚e snowball

schneiden (schneidet; schnitt, geschnitten) cut; **Gesichter schneiden** make faces; der **Schneider,**—tailor

schnell fast, quick(ly); **schnell machen** hurry up

schon already; all right, surely,

never fear; **sie** (*etc.*) **jagt** (*or* **wartet,** *etc.*) **schon** (+ *time indication*) she (*etc.*) has been hunting (*or* waiting, *etc.*) . . .; **wir haben ihn schon lange** we have had him for a long time

schön beautiful, fine, nice; good

schrecklich frightful, terrible

der **Schrei, –e** scream

schreiben (ie, ie) write; der **Schreibtisch, –e** desk

schreien (ie, ie) cry, shout, scream, yell

der **Schuh, –e** shoe

die **Schule, –n** school; die **Schularbeiten** school-work, home-work; **in die Schule gehen** go to (attend) school

die **Schulter, –n** shoulder

schwach weak

der **Schwanz, ⁼e** tail

schwarz black

schweigen (ie, ie) keep silent, keep still

das **Schwein, –e** pig

schwer heavy; difficult, hard

die **Schwester, –n** sister

schwimmen (a, o) swim; float; das **Schwimmbad, ⁼er** swimming pool; der **Schwimmer, —** swimmer

sechs six; **sechzehn** sixteen; **sechzig** sixty

das **Segel,—** sail; **segeln** sail; das **Segelschiff, –e** sailing ship

sehen (ie; a, e) see; look; **sehen nach** look at *or* for

sehr very, (very) much

die **Seide** silk

das **Seil, –e** rope

sein (ist; war, gewesen) be; **ist zu** (+ *inf.*) is to be (+ *past part.*); **es ist** there is

seit since; for: **seit langer Zeit** for a long time; **er ist seit sechs Monaten** (*or* **vielen Jahren,** *etc.*) **tot** he has been dead for six months (*or* many years, *etc.*); **ich diene seit zehn Jahren** I have served for ten years

die **Seite, –n** side; page

die **Seku′nde, –n** second

selbst self; myself, yourself, himself, ourselves, *etc.*; even

selten seldom; rare

das **Seméster—**semester

(der) **Septémber** September

setzen set, put; jump; **sich setzen** sit down; sit

sieben seven; **siebzehn** seventeen; **siebzig** seventy

das **Silber** silver

singen (a, u) sing

sinken (a, u) sink

sitzen (saß, gesessen) sit; fit

so so, thus; then; **so wie** (just) as; **so . . . wie** as . . . as; **so oft** (*or* **wenig**) **er kann** as often (*or* little) as he can

das **Sofa, –s** sofa

sofórt at once, immediately

der **Sohn, ⁼e** son

sola′nge as long as

solch such

der **Solda′t, –en, –en** soldier

sollen (soll) be to (shall); be said to; **sollten** ought to; . . . **soll leben** long live . . .

der **Sommer,—**summer

sondern but

(der) **Sonnabend, –e** Saturday

die **Sonne, –n** sun; die **Sonnenbrille, –n** sunglasses; **sonnig** sunny

(der) **Sonntag, –e** Sunday

die **Sorge, –n** worry, care, anxiety; alarm; **sich (große) Sorgen machen** worry (greatly);

sorgen worry, care; **sorgen für** care for, provide for
sovie'l as much as
spät late; **wie spät** what time
der **Sperling, -e** sparrow
der **Spiegel,—**mirror, looking-glass
das **Spiel, -e** play; game; gambling; **spielen** play
die **Spindel, -n** spindle; **spinnen (a, o)** spin
die **Spitze, -n** point, tip, top
die **Sprache, -n** language; **sprechen (i; a, o)** speak
springen (a, u) spring, jump; hurry
der **Stab, ⸚e** staff, stick; rod, bar
der **Stachel, -n** sting
die **Stadt, ⸚e** city; der **Sta'dtmusika'nt, -en, -en** city musician; der **Stadtpark, -s** city park
der **Stall, ⸚e** stable, barn
stark strong(ly); der **Starke** (*adj. infl.*) strong man
stechen (i; a, o) stick, sting, prick
stecken stick, put; **voll stecken (von)** fill, stuff (with)
stehen (stand, gestanden) stand; be written; **stehen bleiben** stop
stehlen (ie; a, o) steal
steigen (ie, ie) rise; climb; **steigen auf . . .** get on; **steigen aus . . .** get out of; **steigen in . . .** get into; **steigen von . . .** get off, dismount from
der **Stein, -e** stone, rock
die **Stelle, -n** place, spot; **stellen** place, put; **eine Frage stellen (an)** ask a question (of); **sich stellen** place oneself, stand
sterben (i; a, o) (an *or* **vor)** die

(of *or* from); **vor Hunger sterben** die of hunger, starve (to death)
die **Stiefmutter, ⸚** stepmother
still still, quiet
die **Stimme, -n** voice
der **Stock, ⸚e** stick, cane
der **Stoff, -e** material; goods
der **Storch, ⸚e** stork
der **Stoß, ⸚e** blow, push; **stoßen (ö; ie, o)** push, knock; **stoßen gegen** hit
die **Straße, -n** street
der **Strauch, ⸚e** *or* **⸚er** shrub
der **Streich, -e** trick, prank
der **Streit** quarrel; **(sich) streiten (i, i)** quarrel
das **Stroh** straw
der **Strolch, -e** tramp, vagabond
das **Stück, -e** piece; **ein Stück Käse** a piece of cheese
der **Stude'nt, -en, -en** student; **studie'ren** study; go to college
der **Stuhl, ⸚e** chair; loom
die **Stunde, -n** hour; **eine Stunde lang** for an hour; **stundenlang** for hours
der **Sturm, ⸚e** storm
suchen seek, look for
der **Süden** south
die **Suppe, -n** soup
süß sweet

der **Tag, -e** day; daylight; **am Tage, bei Tag** in the daytime; **dreimal am Tage** three times a day; **eines Tages** one day; **guten Tag** how do you do?; **vierzehn Tage** two weeks
der **Taler,—**t(h)aler, dollar
die **Tante, -n** aunt
tanzen dance
die **Tasche, -n** pocket
taugen be fit, be good, be useful
tausend thousand

das **Taxi,** –s taxi(cab); der **Taxifahrer,** — cabdriver
der **Tee** tea; der **Teetisch,** –e
tea-table
der **Teich,** –e pond
der **Teil,** –e part; **teilen** divide,
share
das **Telefón** –e telephone
der **Teller,**—plate
das **Thea'ter,**—theater
tief deep, low
das **Tier,** –e animal, beast;
mount
der **Tiger,**—tiger
der **Tisch,** –e table
die **Tochter,** ⁔ daughter
der **Tod,** –e death; **tot** dead;
töten kill; **totschlagen**° slay,
kill
die **Toilétte,** –n toilet
tragen (ä; u, a) carry; wear
treffen (i; a, o) hit; meet
treten (i; a, e) step (on)
trinken (a, u) drink; das
Trinken drink, beverage(s)
trotz in spite of; **trotzdem** in
spite of it, nevertheless
tun (tat, getan) do; do harm;
tun, als ob act as though
die **Tür,** –en door
der **Turm,** ⁔e tower, steeple

über over, above; across; about
die **Uhr,** –en watch, clock;
o'clock; **wieviel Uhr** what
time; **die Uhr geht nach** (*or*
vor) the watch (*or* clock) is
slow (*or* fast)
um around, about; (*with clock
time*) at; **um die Wette laufen**
(run a) race; **um . . . zu . . .**
in order to . . .
un–(*negative prefix*) un–, dis–;
not
und and
unfreundlich unfriendly

u'ngefä'hr about, approximately
das **Unglück** misfortune; **unglücklich** unhappy
u'ninteressa'nt uninteresting
die **Universitä't,** –en university
unklar not clear; muddy
unrecht haben be wrong;
unrecht tun do wrong; do an
injustice
unten below; downstream;
weiter unten farther down
unter under, below; among
unweit not far, near
unzufrieden dissatisfied

der **Vater,** ⁔ father; das **Vater-
land,** ⁔er fatherland, country
das **Verb,** –en verb
verbrennen° burn (up)
vergehen° pass (away)
vergessen (i; a, e) forget
verlieren (o, o) lose
das **Versteck,** –e hiding-place;
verstecken hide
verstehen° understand; know
versuchen try, attempt
verwandt related
der **Vetter,** –n cousin (*male*)
viel much; **viel Schlechtes**
much that is bad, many bad
things; **viel Gutes** many good
things; **viele** many; **vieles**
many things
viellei'cht perhaps
vier four; **vierzehn** fourteen;
vierzig forty
der **Vogel,** ⁔ bird
voll full; **voller** full of
von of, from; **von neuem** anew
vor before, in front of; because
of; **vor Freude** with joy;
vor . . . her ahead of; **vor** (+
time indication) . . . ago,
before: **vor . . . Jahren . . .**
years ago, . . . years before;

vor wenigen Minuten a few minutes ago
der **Vorderfuß, ⸗e** forefoot
vorgehen* (geht vor) be fast
die **Vorlesung, –en** lecture
der **Vormittag, –e** morning, forenoon
vorwärts forward; go on, go ahead

wachsen (ä; u, a) grow
der **Wagen,—** wagon, carriage; car, coach
wahr true
während during; while
der **Wald, ⸗er** forest, woods
der **Walfisch, –e** whale
die **Wand, ⸗e** wall
der **Wanderer, —** wanderer, hiker; **wandern** wander, hike
die **Wange, –n** cheek
wann when
war was
warm warm
warnen warn
warten (wartet) (auf) wait (for)
waru'm why
was what; which, that; **alles, was** all that; **das, was** that which, what; **nichts, was** nothing that; **was für (ein)** what kind (or sort) of (a), what a
waschen (ä; u, a) wash; der **Waschtag, –e** washday
das **Wasser** water
weben weave; der **Weber,—** weaver; der **Webstuhl, ⸗e** loom
wecken wake, awaken, call; der **Wecker,—** alarm clock
weder . . . noch neither . . . nor
der **Weg, –e** way, path; **am**

Wege at (or by) the wayside
weg away, gone
wegen because of
wegfliegen* fly away
weglaufen* run away
wegnehmen* take away
wegschicken send away
weich soft
(die) **Weihnachten** Christmas
weil because
der **Wein, –e** wine
weinen weep, cry
weiß white
weit far; wide; **weiter** farther, further; on; continue to; **und so weiter** and so on, etc.: **weiterarbeiten** continue to work; **weitergehen*** walk on; **weiterlaufen*** run on, continue to run; **weiterleben** live on, continue to live; **weiterlernen** continue to learn; **weiterschlafen*** continue to sleep; **weiterschreiben*** continue to write
welch which; **welch (ein)** what (a)
die **Welt, –en** world; **zur Welt bringen** give birth to
wen whom
(sich) **wenden (wandte, gewandt)** turn
wenig little; **wenige (a)** few; **weniger** less; **wenigst** least
wenn if; when
wer who; he who; **wer A sagt, muß auch B sagen** in for a penny, in for a pound
werden (wird; wurde, geworden) become; shall, will; **werden** (+ *profession*) become, be; **werden zu** become
werfen (i; a, o) throw
das **Werk, –e** work
der **Westen** west

die **Wette, –n** bet; **um die Wette laufen** (run a) race; **wetten** bet

das **Wetter** weather

wie how; as, like; as if, as though

wieder again; back; **wiedersehen°** see again; **auf Wiedersehen** good-bye, au revoir, till we meet again; **auf Wiederhören** good-bye (on the telephone)

wieviel how much; **wieviel Uhr** what time; **wieviele** how many

wild wild; das **Wild** game; das **Wildschwein, –e** wild boar

der **Wind, –e** wind; die **Windmühle, –n** windmill

der **Winter,—** winter

der **Wirt, –e** host, innkeeper; das **Wirtshaus, ⸚er** inn

wissen (weiß; wußte, gewußt) know, have knowledge of; **ich weiß noch** I remember

witzig witty, funny

wo where; when

die **Woche, –n** week

wodu′rch whereby; **wofü′r** wherefore, what for, for what; **woge′gen** against what; **wohe′r** wherefrom, from which; **wohi′n** whither, whereto, where

wohl probably, I suppose

wohnen live, dwell; das **Wohnzimmer,—** living-room

der **Wolf, ⸚e** wolf

die **Wolle** wool

wollen (will) want (to), be willing (to); want to go; be going to; **wir wollen** (*also:*) let us

womi′t with what; **wora′n** to what; **worau′f** whereupon, on what, on which; **worau′s** out of what; made of what; **wori′n** wherein, in what, in which

das **Wort, –e** *or* ⸚er word; **große Worte machen** talk big, brag; der **Wortschatz** vocabulary

worü′ber about which; **wovo′n** whereof, of what

wunderbar wonderful; **etwas Wunderbares** something miraculous

der **Wunsch, ⸚e** wish; **wünschen** wish

die **Zahl, –en** number; **zählen** count

zahm tame

der **Zahn, ⸚e** tooth; der **Zahnarzt, ⸚e** dentist

zehn ten

der **Zeigefinger,—** forefinger, index finger; **zeigen** show; **zeigen (auf)** point (to); der **Zeiger,—** hand (*of a clock*)

die **Zeit, –en** time

das **Ze′ntiméter, —** centimeter

zerbeißen° bite to pieces

zerbrechen° break (to pieces)

zerreißen° tear to pieces, tear (up)

zerschneiden° cut to pieces, cut up

ziehen (zog, gezogen) pull, draw; move, go

das **Zimmer,—** room

zoolo′gisch zoological

zu to, for; at; too; **zu Ende** at an end; **zu Hause** at home; **zu Pferde** on horseback; **zum drittenmal** for the third time; **zur Frau** as his wife; **zur Tür hinau′s** out through the door; **werden zu** become

der **Zucker** sugar

zue′rst (at) first
zufrie′den satisfied
der **Zug, ⸚e** train; procession, parade
zuhören listen
zule′tzt (at) last, finally
zumachen close
die **Zunge, –n** tongue
zurü′ck back; behind; **zurü′ck-geben*** give back, return;

zurü′ckkommen* come back;
zurü′cklegen put back; **zu-rü′ckrufen*** call back
zurufen* call to
zusa′mmen together
zwanzig twenty
zwei two
zweimal two times, twice
zwischen between
zwölf twelve

5 6 7 8 9 0